조선 지식인의
북경 관광

조선 지식인의
북경 관광

초판 1쇄 인쇄 2023년 11월 13일
초판 1쇄 발행 2023년 11월 20일
–

기 획 한국국학진흥원
지은이 임영길
펴낸이 이방원

책임편집 이희도 **책임디자인** 박혜옥
마케팅 최성수·김 준 **경영지원** 이병은
–

펴낸곳 세창출판사
　　신고번호 제1990-000013호 주소 03736 서울특별시 서대문구 경기대로 58 경기빌딩 602호
　　전화 02-723-8660 팩스 02-720-4579 이메일 edit@sechangpub.co.kr 홈페이지 http://www.sechangpub.co.kr
　　블로그 blog.naver.com/scpc1992 페이스북 fb.me/Sechangofficial 인스타그램 @sechang_official
–

ISBN　979-11-6684-279-5　94910
　　　979-11-6684-259-7　(세트)

한국국학진흥원 전통생활사총서 20

조선 지식인의
북경 관광

임영길 지음
한국국학진흥원 기획

세창출판사

한국국학진흥원에서는 2022년부터 문화체육관광부의 지원으로 전통생활사총서 사업을 기획하였다. 매년 생활사 전문 연구진 20명을 섭외하여 총서를 간행하기로 했다. 올해 나온 20권의 본 총서가 그 성과이다. 우리 전통시대의 생활문화를 대중에 널리 알리고 공유하기 위한 여정이 시작된 것이다.

한국국학진흥원은 국내에서 가장 많은 민간기록물을 소장하고 있는 기관으로, 그 수는 총 62만 점에 이른다. 대표적인 민간기록물로 일기와 고문서가 있다. 일기는 당시 사람들의 일상을 세밀하게 이해할 수 있는 생활사의 핵심 자료이다. 고문서는 당시 사람들의 경제 활동이나 공동체 운영 등 사회경제상을 이해할 수 있는 자료이다.

한국의 역사는 『조선왕조실록』이나 『승정원일기』와 같이 세계적으로 자랑할 만한 국가기록물의 존재로 인해 중앙을 중심으로 이해되어 왔다. 반면 민간의 일상생활에 대한 이해나 연구는 관심을 덜 받았다. 다행히 한국국학진흥원은 일찍부터 민간에 소장되어 소실 위기에 처한 자료들을 수집하고 보존처리를 통해 관리해 왔다. 또한 이들 자료를 번역하고 연구하여 대중에 공개했다. 그리고 이러한 민간기록물을 활용하고 일반에 기여할 수 있는 방법으로 '전통시대 생활상'을 대중서로 집필하는 방식을 통해 생생하게 재현하여 전달하고자 했다. 일반인이 쉽게 읽을 수 있는 교양학술총서를 간행한 이유이다.

총서 간행을 위해 일찍부터 생활사의 세부 주제를 발굴하는 전문가 자문회의를 개최하고, 전통시대 한국의 생활문화를 가장 잘 구현할 수 있는 핵심 키워드를 선정하였다. 전통생활사 분류는 인간의 생활을 규정하는 기본 분류인 정치·경제·사회·문화로 지정하였다. 이를 기반으로 매년 각 분야에서 핵심적인 키워드를 선정하여 집필 주제를 정했다. 금번 총서의 키워드는 정치는 '관직생활', 경제는 '농업과 가계경영', 사회는 '가족과 공동체 생활', 문화는 '유람과 여행'이다.

분야마다 5명의 집필진을 해당 어젠다의 전공자로 구성하였다. 서술은 최대한 이야기체 형식으로 다양한 사례를 풍부하게 녹여 달라고 요청하였다. 특히 어디서나 간단히 들고 다니며 읽을 수 있도록 쉽게 서술해 줄 것을 부탁하였다. 그러면서도 본 총서는 전문연구자가 집필했기에 전문성 역시 담보할 수 있다.

물론 전문적인 서술로 대중을 만족시키기는 매우 어렵다. 그래서 원고 의뢰 이후 5월과 8월에는 각 분야의 전공자를 토론자로 초청하여 2차례의 포럼을 진행하였다. 11월에는 완성된 초고를 바탕으로 1박 2일에 걸친 대규모 학술대회를 개최하였다. 포럼과 학술대회를 바탕으로 원고의 방향과 내용을 점검하는 시간을 가졌다. 원고 수합 이후에는 책마다 전문가 3인의 심사의견을 받았다. 2023년에는 출판사를 선정하여 수차례의 교정과 교열을 진행했다. 책이 나오기까지 꼬박 2년의 기간이었다. 짧다면 짧은 기간이다. 그러나 2년의 응축된 시간 동안 꾸준히 검토 과정을 거쳤고, 토론과 교정을 진행하며 원고의 완성도를 높이기 위해 분주히 노력했다.

전통생활사총서는 국내에서 간행하는 생활사총서로는 가장 방대한 규모이다. 국내에서 전통생활사를 연구하는 학자 대부분을 포함하였다. 2022년도 한 해의 관계자만 연인원 132명에 달하는 명실공히 국내 최대 규모의 생활사 프로젝트이다.

1990년대 이후 폭발적으로 증가했던 일상생활사와 미시사 연구는 근래에는 학계의 관심이 소홀해진 상황이다. 본 총서의 발간이 생활사 연구에 다시 활력을 불어넣는 계기가 되기를 기대한다. 연구의 활성화는 연구자의 양적 증가로 이어지고, 연구의 질적 향상 또한 이끌 것이다. 그렇게 된다면 전통문화에 대한 대중들의 관심 역시 증가할 것으로 기대된다.

본 총서는 한국국학진흥원의 연구 역량을 집적하고 이를 대중에게 소개하기 위해 기획된 대표적인 사업의 하나이다. 참여한 연구자의 대다수가 전통시대 전공자이며, 앞으로 수년간 지속적인 간행을 준비하고 있다. 올해에도 20명의 새로운 집필자가 각 어젠다를 중심으로 집필에 들어갔고, 내년에 또 20권의 책이 간행될 예정이다. 앞으로 계획된 총서만 80권에 달하며, 여건이 허락되는 한 지속할 예정이다.

대규모 생활사총서 사업을 지원해 준 문화체육관광부에 감사하며, 본 기획이 가능하게 된 것은 한국국학진흥원에 자료를 기탁해 준 분들 덕분이다. 이 자리를 빌려 그분들께 다시 한번 감사드린다. 아울러 총서 간행에 참여한 집필자, 토론자, 자문위원 등 연구자분들께도 감사 인사를 전한다. 책의 편집을 책임진 세창출판사에도 감사드린다. 이 모든 과정은 한국국학진흥원 여러 구성원의 노력이 있었기에 가능했다.

2023년 11월
한국국학진흥원 연구사업팀

차례

이 책은 조선시대 사행使行을 통해 이루어진 북경 '관광' 양상을 조망한 것이다. 명明이 건국된 뒤 1421년 영락제永樂帝가 남경에서 북경으로 수도를 옮긴 이래, 북경은 대對중국 사행의 종착지로서 조선 사절단이 통상 40일에서 많게는 5-60여 일가량을 체류하며 중국에 대한 이해를 심화한 공간이다. 그뿐만 아니라 조선 사절단은 북경에서 유구琉球, 베트남(安南), 태국(暹羅), 미얀마(緬甸), 라오스(南掌) 등 동(남)아시아 사신들과 조우하고, 천주당이나 아라사관俄羅斯館을 방문하여 서양 문물을 접할 수 있었다. 조선 지식인에게 북경은 중국을 넘어 세계와 소통할 수 있는 유일한 창구이자 대외 인식에 절대적인 영향을 미친 공간이었다.

사행에 참여한 조선 지식인들은 압록강鴨綠江을 건너서부터 중화 문명을 목도하고, 요양遼陽-심양瀋陽-광녕廣寧-산해관山海關-계주薊州-통주通州 등지를 차례로 거쳐 북경에 당도했다. 1621년 후금後金(후에 청淸)이 요동 일대를 장악함에 따라 조선 사절단은 1637년까지 한시적으로 바닷길을 이용하기도 했으나,

1644년 청이 들어선 뒤 1679년 공식적으로 심양을 경유하도록 사행 경로를 지정하면서 19세기 말까지 거의 동일한 노선으로 북경을 왕복했다. 따라서 북경을 왕래하는 동안 조선 지식인들이 유람한 장소는 대체로 큰 변화가 없었다.

한편 북경의 경우, 명대에는 특정한 몇몇 장소의 관광만이 제한적으로 허락될 뿐이었으나, 청대에 들어오면서 북경 관광 루트가 점차 다양해지기 시작하여 19세기까지 조선 사절단의 활동 반경이 꾸준히 확대되는 양상을 보인다. 조선 지식인이 중국에 다녀와서 남긴 사행 기록을 통시적으로 살펴보면 이전 시기와 비교할 때 18-19세기에 북경에서의 일정이 눈에 띄게 상세함을 볼 수 있다. 그 과정에서 지인들의 선행 체험 및 중국의 각종 지리서나 유서 등은 조선 사절단이 북경 지리에 대한 관심을 환기하고 세부 공간에 대한 시야를 확장하는 데 기여했다. 조선 지식인들은 자신이 실제로 견문한 사실과 함께 북경의 주요 명승, 고적, 인물, 역사, 지리, 언어, 풍속 등에 관한 지식을 대량으로 수집·고증함으로써 중국 문화 전반에 대한 이해를 심화해 나갔다.

이 책에서는 대중국 사행의 여러 공간 중에서 수도 북경을 중심에 놓고 조선 지식인들의 북경 관광 양상을 세밀하게 들여다보고자 한다. 명대에 북경 천도가 이루어진 1421년부터 조선에서 마지막 사행을 파견한 1894년까지 작성된 대명 사행 기록(조천록朝天錄)과 대청 사행 기록(연행록燕行錄)을 검토하여 조선 사절단의 북경 체류 일정, 북경 관광을 위한 참고 서적, 관광 가이드 서반序班과 마두馬頭의 활약상, 관광 과정에서 일어난 에피소드, 북경의 주요 관광 명소 및 각 공간이 갖는 역사적 장소성을 두루 탐색하고자 한다. 관광 명소는 크게 황성, 북경 내성, 북경 외성, 북경성 외곽으로 구분하여 현대의 여행 가이드북에서 구역별로 관광 코스를 제시하는 방식을 차용했다. 북경성 외곽을 제외한 각 구역의 세부 명소들은 대체로 조선 지식인들이 1일 코스로 관광할 수 있었다. 아울러 조천록과 연행록에 수록된 일부 기록과 필자가 직접 답사하며 촬영한 사진을 함께 실어 독자들이 실제 북경을 여행할 때 참고할 수 있도록 구성했음을 밝힌다.

1

중국을 '관광'하다

관광의 전통적 의미

현대에 흔히 쓰는 관광이란 말의 사전적 의미는 "다른 지방이나 다른 나라에 가서 그곳의 풍경, 풍습, 문물 따위를 구경함"이다. 즉 여행과 동일한 의미로서[1] 유람遊覽 또는 유관遊觀과 맥락이 유사한 어휘이다. 그러나 전통시대에 관광은 『주역周易』「관괘觀卦」 '육사六四'의 "나라의 빛을 봄이니, 왕에게 손님 되는 것이 이롭다(觀國之光, 利用賓于王)"라는 구절에서 유래한 말로, "상국上國의 문물을 접한다"는 의미였다. 조선에서는 과거에 응시하러 한양에 갈 때도 관광이란 말을 사용했거니와 거둥이나 세자 책봉 등과 같은 왕실 전례, 조선에 파견된 중국 사신의 행차, 지방 관찰사의 부임 행렬을 구경하는 행위 등도 모두 관광이라 일컬었다. 국립국어원의 표준국어대사전에서도 '관광¹'과 '관광²'으로 표제어를 구분해 등재하여 전통시대와 현대의 '관광'이 서로 층위가 다른 별개의 어휘임을 분명히 했다.

조선시대 사행 기록 가운데 이첨李詹의 『관광록觀光錄』(1400), 신종호申從濩의 『관광행록觀光行錄』(1481·1496), 박승임朴承任의 『관광록觀光錄』(1569) 등에서 제목에 관광이란 명칭을 썼다. 모두 상국인 명明에 가서 견문한 기록이란 의미이다. 또한 관광이란 표현을 사용하진 않았으나 고려시대 이승휴李承休의 『빈왕록賓王錄』(1273)에서 '빈왕' 역시 앞서 언급한 『주역』 「관괘」의 구절에서 유래한 제목이다. 즉 조선 지식인들은 사신으로 임명되어 중국에 가는 일을 중화 문명을 목도할 수 있는 영광스러운 기회로 여겼다.

그러나 1644년 북방 이민족이던 만주족(여진족)이 북경의 주인이 되자, 사행 기록의 명칭에도 변화가 생겨난다. 대명 사행의 경우 '관광'을 제외하면 대부분 '조천朝天'이란 말을 표제로 삼았는데, 조천은 "천자에게 조회하다"란 의미로 명 왕조가 곧 천자의 나라임을 나타낸 것이다. 반면에 대청 사행의 경우 서명으로 '관광'이나 '조천'을 사용한 사례는 찾아보기 힘들다. 대신에 연경燕京, 즉 북경에 간다는 의미의 '연행燕行'을 채택함으로써 청

淸을 중화 문명의 주체로 인정하지 않는 속내를 드러냈다.

더 나아가 19세기에 들어서면 제목에 '유연遊燕'이나 '북유北遊' 등과 같은 표현을 쓴 사행 기록도 여러 종 등장한다. 유연은 연경을 유람한다는 의미이고, 북유는 북방 이민족이 세운 청을 유람한다는 의미이다. 특히 사신의 수행원이 작성한 기록에서 대체로 이러한 특징이 나타나는바, 사절단의 일원으로 참여하여 중국을 '유람'한다는 인식이 강해졌음을 보여 준다. 유득공柳得恭의 『연대재유록燕臺再遊錄』(1801), 서유진徐有鎭의 『종원유연록鍾園遊燕錄』(1801), 이정수李鼎受의 『유연록遊燕錄』(1811), 손병주孫秉周의 『북유만록北遊漫錄』(1821), 홍석모洪錫謨의 『유연고遊燕藁』(1826), 홍경모洪敬謨의 『연운유사燕雲遊史』(1830), 임백연任百淵의 『경오유연일록鏡浯遊燕日錄』(1836), 성인호成仁鎬의 『유연록遊燕錄』(1869), 강위姜瑋의 『북유일기北遊日記』(1873), 이건창李建昌의 『북유시초北遊詩草』(1874) 등의 서명에서 보듯이 외교 행사인 '사행使行'을 '유遊'의 차원으로 인식한 작품이 다수 출현하는 한편, 왕복 노정을 소략하게 다루는 대신 북경에서의 일과에 치중하여 그에 관한 상세한 내용들을 담고 있다.

아울러 『조선왕조실록』, 『승정원일기』, 『일성록』 등을 살펴보면, 사행에서 돌아와 복명復命하는 사신들에게 임금이 북경의 여러 명소를 가 보았는지 하문한 내용을 어렵지 않게 볼 수 있다. 이는 모두 사행의 전 과정에서 공적인 임무 수행 외에 북경 관광이 차지하는 비중이 얼마나 컸는지를 단적으로 시사한다.

책의 제목으로 삼지는 않았더라도 '관광'이란 말은 18-19세기까지 연행록 본문에 간간이 등장한다. 다만 그 의미가 조천록에 비해 엄밀하지 않아서 특정 장소나 행위에 국한하지 않고 대체로 중국의 풍물을 구경하거나 명승고적을 탐방하러 갈 때, 또 중국인(주로 한족漢族 지식인)과 교제할 때 관광이란 어휘를 사용한 것으로 여겨진다. 저자의 관심사나 대외인식에 따라 관광 대상과 그 구체적인 양상은 각기 달랐으나 외국의 새로운 문화를 체험하고 관찰할 수 있는 특별한 행사로 사행을 인식했으며, 그러한 견문 활동을 통틀어 '관광'이라고 표현한 사실은 분명해 보인다. 이 같은 '관광'의 의미 변화를 고려하여, 이 책에서는 전통적 의미와 현대적 의미를 아우르는 개념으로 관광이란 용어를 사용한다는 점을 짚어 둔다.

중국 관광의 통로, 사행

조선 지식인이 이異문화를 접할 수 있었던 기회는 공식적인 경로와 비공식적인 경로로 나눌 수 있다. 먼저 비공식적인 경로는 바다에서 예기치 못한 조난사고를 당해 표류한 경우이다. 바람과 해류의 영향으로 타지에 표착했다가 무사히 송환한 표류민들이 남긴 일명 '표해록票海錄'이 여러 종 전하는데, 그 기록을 보면 그들은 사행을 통해 갈 수 없던 중국의 강소江蘇·절강浙江 지역이나 일본의 북해도北海道 연안 등지는 물론 유구, 베트남, 마카오, 필리핀(呂宋) 등까지도 견문할 수 있었다. 개인적으로 국경을 넘나들거나 외국을 여행하는 일이 엄격하게 금지되었던 조선에서 우연한 계기로 인해 희귀한 해외 체험을 할 수 있었던 것이다.

그렇다면 공식적인 경로는 무엇이었을까? 바로 중국 및 일본에 파견한 외교 사절, 즉 사행을 통해서였다. 조선은 기본적으로 사대교린事大交隣의 외교정책을 견지하여 중국과 일본에 각각 사절단을 파견했다. 조선 초기에는 유구국에도 사신을 파견했다는 기록이 있으나 16세기 초 일본 사신이 유구 사신을 사칭하여 조선에 들어와 무역 행위를 한 일명 '위사신僞使臣' 사건이 빈번해지자 조선에서 유구와의 통교를 단절했고,[2] 1530년부터는 제3국인 중국의 수도 북경에서 유구 사신과 접촉할 수 있었다. 일본의 경우는 조선 건국 후 1443년까지 일본의 사절단과 조선의 회답사回答使가 서로 오갔으나[3] 임진왜란 발발 이후 1607년 양국이 국교를 재개하면서부터 조선에서 12차례 통신

사를 파견했으며, 대마도對馬島까지만 파견한 1811년 마지막 통신 사행을 제외하고는 모두 에도(江戶, 지금의 도쿄)까지 왕복했다. 따라서 조선에서 직접 방문하고 체험할 수 있는 나라는 중국과 일본 두 나라였다.

조선시대에 사행은 다른 나라를 관광할 수 있는 유일한 통로로서 공적인 임무를 띠고 간 삼사신三使臣, 즉 정사正使, 부사副使, 서장관書狀官 및 그들의 수행원 자격으로 사절단의 일원이 된 문사들, 그리고 역관譯官을 비롯하여 의원醫員, 화원畵員, 사자관寫字官 등이 외국 체험의 혜택을 누릴 수 있었다. 다만 두 나라의 합의하에 지정한 경로를 따라 북경까지 이동하면, 정해진 외교 절차대로 일정이 진행되었기 때문에 중국 현지에서의 사적인 활동에는 많은 제약이 따랐다. 특히 사신의 경우『예기禮記』「교특생郊特牲」의 "신하 된 자는 외국에서 사적으로 교제해서는 안 된다"는 '인신무외교人臣無外交' 원칙이 엄격하게 적용되어 숙소 밖을 자유롭게 출입하기가 곤란했다. 상대적으로 자제군관子弟軍官이나 반당伴倘 등 사신의 수행원 신분으로 참여한 문사들이 그러한 제약에서 비교적 자유로웠기에 사신을 대신하여 정세 탐문과 정보 수집 활동을 도맡았으며, 명승고적을 관광하는 일에도 적극적으로 임했다. 이들이 남긴 수백 종의 사행 시문을 통해 북경 관광의 실상을 소상히 파악할 수 있다.

조선시대 대중국 사행은 대명 사행과 대청 사행으로 구별된다. 북경에서의 활동에 초점을 맞추더라도 명대와 청대에 파견한 사절의 종류와 횟수, 북경 체류 시 일정, 방문한 장소 등이 서로 다를뿐더러 두 왕조를 바라보는 조선 지식인의 시선에도 큰 차이가 나타나므로 각각의 특징을 간략하게 살펴볼 필요가 있다.

먼저 사절의 종류와 횟수를 살펴보면, 명대에는 사신의 파견 횟수와 절차 등을 엄격하게 규정하여 조선에 매년 4차례 사신을 파견하도록 요구했다. 이에 조선은 황제와 황후의 생일을 축하하는 성절사聖節使, 정월 초하루를 축하하는 정조사正朝使(또는 하정사賀正使), 황태자의 생일을 축하하는 천추사千秋使(뒤에 세폐사歲幣使로 변경), 동지를 축하하는 동지사冬至使를 정례 사행으로 파견했다. 아울러 임시 사절로 사은사謝恩使, 주청사奏請使, 진하사陳賀使, 진헌사進獻使, 고부사告訃使, 진주사陳奏使, 진위사陳慰使, 진향사進香使, 문안사問安使 등을 비정기적으로 파견했다. 명의 수도는 본래 남경南京이었다가 1421년 북경으로 천도했으므로 대략 220여 년 동안 매년 적어도 3-4차례 북경까지 왕래한 것이다. 1644년 청이 입관入關하여 북경을 차지한 후, 1645년부터 동지사, 정조사, 성절사, 천추사를 통합하여 동지사라 부르고 조선 사절단은 해마다 1차례 파견하는 것으로 축소했다. 따라서 청대에 조선은 대체로 1년에 2차례 고정적으로 북경까지 왕래했다.

선행 연구에 따르면 조선에서 명조에 약 1,252회, 청조에 약 494회 사신을 파견했다고 하니, 조선 전 시기를 통틀어 북경을 체험한 횟수는 어림잡아 1,700회 이상일 것으로 짐작된다.[4] 단, 대명 사행과 대청 사행의 북경 관광 양상에는 큰 차이점이 있다. 조선 전기에는 명의 예부禮部에서 주관하는 공식 의례가 거행되는 장소 외에 조선 사절단이 따로 방문할 수 있는 곳이 제한적이었던 데다 관광을 위해서는 반드시 명조의 관원과 동행해야 했다. 조선 후기에는 사절단의 일원이 개인적으로 관광할 수 있는 장소가 다양해졌으며 청조 관원이나 중국 측 안내자 없이도 비교적 자유롭게 탐방할 수 있었다.

다음으로 북경에 체류하는 동안 관광한 날짜에 한정하여 살펴보면, 대명 사행에서 조선 사절단은 일반적으로 40일의 북경 체류 일정 가운데 단 3-5일 정도만을 관광으로 보냈으나 대청 사행에서는 공식 연회 참석 등을 제외한 대부분의 날을 관광에 할애할 수 있었다. 따라서 조천록 및 연행록에서 북경 관광 활동과 그 세부 장소를 비교해 보면 연행록이 훨씬 다채롭고 풍부한 내용을 담고 있다. 이러한 차이는 조선 사신에 대한 중국 조정의 외교 방침과 관련이 깊거니와 특히 명조의 '문금門禁' 조치에 기인한다.

문금이란 외국 사신들이 중국 관원과 사적으로 접촉하거나 여타의 장소를 관광하는 등의 활동에 제약을 가하기 위해 조선 사신의 숙소인 회동관會同館, 일명 옥하관玉河館의 출입을 제한한 법령이다. 15세기 후반-16세기 초반까지만 해도 조선 사절단은 명의 우대를 받아 자유롭게 회동관을 출입하며 서책을 구입하거나 국자감國子監, 문승상사文丞相祠 등 북경의 일부 구역을 관광할 수 있었다. 1522년 조선의 통사通事 김이석金利錫이 금서인 『대명일통지大明一統志』를 구입한 사실이 적발되면서 한시적으로 문금이 엄격하게 적용되었으나[5] 이후 1534년 진하정사 소세양蘇世讓이 문금을 완화해줄 것을 명 조정에 요청했고, 이를 계기로 명은 다시 조선 사절단의 관광을 공식적으로 허용했다. 이에 조선 사신은 국자감과 문승상사를 비롯하여 천단天壇, 역대제왕묘歷代帝王廟, 해인사海印寺(뒤에 대자은사大慈恩寺로 개칭), 조천궁朝天宮 등을 관광했다.[6] 이 밖에 태감太監의 집을 방문하여 잔치를 벌인 일도 15세기 대명 사행에서 확인되는 특징이다. 아울러 관광의 일환은 아니지만 대명 사행 때부터 조선 사신과 유구 및 베트남 사신의 만남이 북경에서 성사된 것도 눈여겨볼 만하다.

한편 1644년 청이 들어선 이후에도 외국 사신에 대한 문금 규정을 견지했기 때문에 조선 사신은 원칙적으로 청조의 공식

허가 없이 숙소 밖을 벗어나 자유롭게 관광할 수 없었다. 실제로 17세기까지만 해도 연행록에서 북경 체류 기간을 매우 소략하게 기술하고 있을뿐더러 북경에서 유람하러 다녔다는 기록도 찾아보기 힘들다. 이례적으로 1653년 사은정사 인평대군麟坪大君이 순치제順治帝의 명으로 천단을 구경했고, 1656년 또다시 사은정사로 임명되어 북경에 갔을 때도 천단과 태액지太液池의 '유관遊觀'을 허가받았다.[7] 다만 당시 인평대군의 사례는 조선의 종실이 사신으로 온 데 대한 예우 차원에서 특별히 허용된 일이었던 듯하다.

조선 사신의 북경 관광이 본격화된 것은 17세기 말-18세기초 무렵부터로 파악된다.[8] 1696년 1월 10일 동지 정사 이세백李世白, 부사 홍수주洪受疇, 서장관 최계옹崔啓翁은 오룡정五龍亭과 천주당天柱堂을 가려고 했으나 거리에 가득한 인파로 인해 발길을 돌렸다. 이들은 13일과 19일에도 천주당 방문을 시도했고, 21일 마침내 천주당에 들어가서 슬로베니아 선교사 유송령劉松齡(August von Hallerstein)과 대화를 나누었다. 그리고 이튿날 다시 천주당에 들렀다가 국자감과 옹화궁雍和宮을 차례로 둘러보았으며, 2월 13일에는 최계옹이 문승상사를 관광했다.[9] 이 무렵은 강희제康熙帝(재위 1661-1722)가 즉위 후 삼번三藩의 난 진압, 대만 정벌, 러시아와의 국경 확정, 외몽골 합병 등 내우외환을 평정하여 청 왕조가 안정기에 접어든 시기로, 혼란하던 사회 분위기가 수습된 것이 조선 사절단의 관광을 가능하게 만든 배경 중 하나로 짐작된다. 실제로 당시 동지사 일행의 유람이 전례 없는 일로 조선에 알려진 점을 볼 때,[10] 그 이전까지는 조선 사절단의 북경 관광이 원활하지 않았음을 짐작할 수 있다.

> 공사貢使가 북경에 들어가면 명대부터 문금門禁이 있어서 마음대로 (관소를) 나가 유관遊觀할 수 없었다. 사신이 문서를 올려 청하면 간혹 허락하긴 하지만 끝내 한결같을 수는 없었다. 청 초에 더욱 엄하게 금지하더니, 강희 말에 천하가 안정되자 동방東方(조선)은 근심할 것이 없다고 여겨 금방禁防이 조금 풀렸다. 그러나 유관하려면 여전히 물을 긷는다는 핑계를 대야 했고 감히 공공연하게 출입하지 못했다.[11]

청 초만 해도 엄격했던 문금이 강희제 말기에 조금 풀렸다는 위 언급은, 18세기 초반 김창업金昌業(1712년 동지 사행)과 이기지李器之(1720년 고부 사행)가 비교적 자유롭게 북경성 내성과 외성을 넘나들며 여러 장소를 탐방한 사실에 부합한다. 더욱이 김창업은 1713년 정월에 강희제의 '특명'으로 북경성 밖 서북쪽

근교에 있는 황실 별장인 창춘원暢春園을 조선 최초이자 유일하게 방문하기도 했다. 김창업의『연행일기』에 따르면, 강희제는 1713년 정월에 자신의 60세 생일을 맞아 창춘원에서 연회를 베풀고 있었는데 황자의 병을 치료하기 위해 조선의 어의御醫 김덕삼金德三을 창춘원으로 불러들이는가 하면, 조선 사신에게 창춘원에 와서 조선의 서적을 보여 달라 명하기도 했다. 그리하여 정사 김창집金昌集과 부사 윤지인尹趾仁이 강희제를 알현하여『당율광선唐律廣選』과『육선공주의陸宣公奏議』,『국조시산國朝詩刪』에서 뽑은 시 35수를 정서해 바치고,『연감유함淵鑑類函』,『전당시全唐詩』,『패문운부佩文韻府』,『고문연감古文淵鑑』등의 중국 서적을 받아 왔다.[12]

또한 이기지는 동천주당에 가려고 길을 나섰다가 갑군甲軍이 북당으로 잘못 안내하는 바람에 자금성紫禁城 서쪽의 태액지 내 오룡정과 대전단사大旃檀寺(홍인사弘仁寺를 가리킴), 그리고 태액지 북해北海에 조성한 인공섬인 경화도瓊華島의 백탑사白塔寺(영안사永安寺를 가리킴)를 탐방할 수 있었다. 당시에 오룡정까지는 관광이 가능했지만 영안사와 홍인사는 모두 황실의 공간이어서 조선 사신의 출입이 금지된 장소였다. 대전단사에서 전단불상을 보고 왔다는 이기지의 말을 들은 법화사法華寺 승려는, "대전단사는 황제의 원당願堂으로 외부인의 출입을 허락하지 않아 들어가 볼 수 없습니다"라고 했고, 마두 정숙正叔은 "왕년에 우리 나라 사신이 이 절에 들어가 구경하려 했으나 문을 가로막는 바람에 실랑이를 벌이다 끝내 들어가지 못했는데 이번엔 중들이 모두 인도해 들어갔으니 알 수 없는 일입니다"라며 의아해했다.[13] 이러한 예외 사례들은 모두 18세기 이후 조선 지식인의 북경 관광이 점차 활성화되어 갔음을 뒷받침한다.

한편 앞의 인용문에서 "물을 긷는다는 핑계를 대야 했"다는 언급에 주목할 필요가 있다. 문금의 느슨한 적용과 더불어 북경의 열악한 식수 문제는 조선 지식인의 북경 관광에 좋은 핑곗거리가 되었다. 1727년 동지 사행에 참여한 강호보姜浩溥에 따르면, 북경의 물맛이 좋지 않아 조선 사신이 관소에 들어가면 역졸을 보내어 정양문 밖의 맛 좋은 샘물을 길어 오게 하고, 군관과 역관을 번갈아 동행시켜 감시하게 하는 것이 관례라고 했다. 조선 사절단은 마실 수 있는 물을 확보하기 위해 북경성 바깥 지역까지 드나들었는데, 실제로 김창업과 이기지는 관광에 나설 때마다 물 긷는 사람과 갑군, 마두를 대동하여 북경 곳곳을 누볐다. 이기지는 북경에 체류하는 동안 통금이 점차 느슨해져서 물 긷는 사람과 동행하지 않고도 성문 밖을 드나드는 일이 가능했다고 말했으며, 김창업은 내성의 9개 문 가운데 동직문을 제외한 8개 문을 출입했고 외성의 7개 문 가운데 영정문과 동편문을 출입했다고 밝혔다. 내성 바깥뿐만 아니라 멀리 외성 바깥까지도 나갔을 만큼 '급수汲水' 문제가 조선 사절단의 행동 반경을 넓혀 준 또 하나의 요인으로 작용했다.

조선 사절단에 대한 문금은 이의봉李義鳳(1760년 동지 사행)과 홍대용洪大容(1765년 동지 사행)이 북경을 관광한 18세기 중반에 더욱 느슨해진 것으로 보인다. 이의봉은 앞서 김창업과 이기지가 관광한 장소들에 더하여 원명원圓明園과 서산西山(만수산萬壽山의 청의원淸漪園을 가리킴, 지금의 이화원頤和園), 그리고 옥천산玉泉山 및 향산香山의 정의원靜宜園까지 탐방하고 돌아왔다. 또한 이의봉의 뒤를 이어 홍대용이 원명원과 서산 일대를 관광했다. 원명원과 서산은 황실의 원림으로 황제가 행차하는 날이 많아 외부인의 접근이 불가능했던 데다 옥천산과 향산은 19세기 중반 이후에야 조선 사신들이 관광에 나섰다는 점에서, 이의봉의 탐방이 옥천산과 향산 일대를 가장 이른 시기에 관광한 사례인 듯하다. 이와 같은 이례적인 체험은 조선 지식인들의 호기심을 자극하여 사절단의 북경 관광을 촉진하는 계기가 되었다.

18세기 후반에는 청조의 사신 접대 의례 확대가 관광 공간의 확장에 큰 영향을 미쳤다. 통상적으로 조선 사절단은 방물을 바치는 등의 공무가 있는 날에 태액지와 오룡정을 둘러보았으며, 황제의 행차를 맞이하는 지영祗迎이나 전송하는 지송祗送

에 참여하여 자금성 일대와 내성 안을 관광했다. 지영과 지송은 오문午門, 서안문西安門, 서화문西華門, 신무문神武門 밖 등 주로 자금성을 두르고 있는 대문에서 행해졌기 때문에 문 주변으로 출입이 허용된 구역까지는 자연스레 관광할 수 있었다. 그런데 1780년 이후 건륭제乾隆帝(재위 1736-1795)의 명으로 각종 궁정 연회에 조선 사신이 참석하게 되면서[14] 조선 지식인들의 발길이 닿는 범위가 한층 더 넓어졌다. 단적인 사례로 1790년 건륭제의 팔순 만수절에 참석한 진하정사 황인점黃仁點, 부사 서호수徐浩修, 서장관 이백형李百亨 일행이 조선에서 유일하게 원명원의 복해福海를 관광하고, 청의원의 만수산에 올라 연수사延壽寺와 중향계衆香界까지 관광하는 혜택을 누리기도 했다.[15] 서호수 일행은 한양에서 열하로 곧장 갔다가 7월 26일 북경의 원명원에 와서 17일간 머물렀고, 8월 15일부터 20일까지 재차 원명원 연회에 참석했다. 조선 사절단이 복해와 만수산을 둘러본 것은 전에 없던 일일뿐더러 중향계는 1860년 제2차 아편전쟁 때 영불 연합군의 북경 침략으로 인해 원명원과 청의원이 소실된 후에야 접근할 수 있었던 곳이라는 점에서 1790년 진하 사행의 북경 관광 양상은 매우 특별하다.

명대를 생각해 보면, 조선 사람이 (북경에) 와서 한번 관소에 들어오면 감히 마음대로 문을 나서지 못했다. 청초에도 마찬가지여서 유람을 좋아하는 가재옹稼齋翁(김창업)이라도 급수군汲水軍에 의탁하지 않으면 밖으로 나가 돌아다닐 수 없어 몰래 보고 다닌 때가 많았다. 이번 사행에는 날마다 문을 나서지 않은 적이 없고 두루 관람하는 데 장애가 없었으니 어찌 행운이 아니겠는가. 대체로 조선 사람이 출입하는 데 금지하지 않는 것은 건륭 때부터 특별히 우대하는 뜻에서 나온 것이다. 다른 나라 사신들은 그럴 수 없다고 한다.[16]

19세기 초 이정수李鼎受의 위 언급은 조선 사신에 대한 건륭제의 우대 정책이 관광하는 과정에 영향을 주었음을 명백히 증언한다. 1781년 동지 사절단이 태액지의 자광각紫光閣 세초연歲初宴에 참석하고, 1784년 동지 사절단이 건륭제의 천수연千壽宴에 참석하여 영대瀛臺에서 열린 빙희연氷戲宴을 관람하면서부터 조선 사절단의 활동 공간이 태액지의 중해中海와 남해南海 일대까지 확장되었다. 이후 동지 사절단은 매년 12월 21일에 열리는 영대 빙희연에 참석하기 위해 12월 20일을 전후하여 북경에 도착했으며, 이로 인해 북경 체류 기간이 다소 길어지기도 했다. 또한 1781년 동지 사절단부터 원명원의 산고수장각山高水長

閣과 정대광명전正大光明殿에서 정월 보름에 열리는 상원연上元宴에 참석하기 위해 수일간 원명원에 체류했고, 숙소로 돌아오는 길에 서산, 즉 십칠공교十七孔橋와 남호도南湖島를 비롯한 곤명호昆明湖 동쪽 연안을 관광할 수 있게 되었다.

아울러 18세기 후반-19세기 한·중 지식인 교제의 활성화가 관광 양상에 변화를 가져온 사실은 중요하다. 조선 사절단이 자주 드나들던 유리창琉璃廠 일대는 한족 명사들의 집과 중국 각지의 회관會館이 밀집해 있어 양국 지식인들이 특히나 빈번하게 왕래했다. 또한 조선 지식인들은 청 문사들의 아회雅會 공간에 초대받아 19세기 이전까지 거의 간 적 없는 다양한 명소를 관광할 수 있었다. 그 대표적인 장소로 법원사法源寺, 장춘사長椿寺, 자인사慈仁寺, 도연정陶然亭, 용수사龍樹寺, 송균암松筠庵 등을 들 수 있다.

2
___

관광 사전 준비

지도로 본 북경

중국 체험의 기회를 얻게 된 조선 지식인들은《황성전도皇城全圖》(또는《수선전도首善全圖》)와 지리서 등을 참조하여 북경성의 구조를 파악하고 명승고적에 대한 정보를 습득했다. 특히 조선 후기 연행록에서 북경 지도를 보았다는 언급을 다수 찾을 수 있다. 한 예로 18세기 박지원朴趾源은 『팔기통지八旗通志』에서 북경성을 그린 지도를 본 뒤, "성지城池·궁궐宮闕·가방街坊·부서府署들이 손금을 들여다보는 듯"했다고 밝혔고,[17] 19세기 김경선金景善은 자신의 연행록인 『연원직지燕轅直指』에 자금성 및 북경 내·외성 성문의 위치와 명칭을 표기한〈북경전도北京全圖〉를 별도로 그려 두기도 했다.[18] 지도를 통해 주요 건물의 위치를 살펴서 사전에 계획을 세우고 북경 관광에 임했음을 유추할 수 있다.

명·청대 북경성의 구조는 크게 황성皇城, 내성內城, 외성外城으로 이루어져 있었다. 내성에는 9개 성문(동직문東直門, 조양문朝陽門, 숭문문崇文門, 정양문正陽門, 선무문宣武門, 부성문阜成門, 서직문西直門, 덕승문德勝門, 안정문安定門)이 있고, 외성에는 7개 성문(동편문東便門, 광거문廣渠門, 좌안문左安門, 영정문永定門, 우안문右安門, 광녕문廣寧門, 서편문西便門)이 있었다. 현재는 북경 내성의 정남 쪽에 서 있는 정양문(지금의 전문前門)만 남아 있고 나머지 성문의 흔적은 지하철역 이름이나 지명으로 확인할 수 있다.

조선 지식인들의 북경 관광 양상을 살펴보면, 숙소인 옥하관에서 출발하여 성문을 기점으로 구역을 나누어 탐방한 것으로 파악된다. 자금성의 동남쪽 근방에 있었던 조선 사절단의 숙소는 정식 명칭이 '회동관'(또는 회동사역관會同四譯館)이고 일반적으로 '옥하관'이라 불렀는데, 옥하玉河 부근에 있다고 하여 붙여진 별칭이다. 단 그 위치가 한 차례 변동되었다. 명대부터 조선 사절단이 이용하던 옥하관은 본래 지금의 중국 최고 인민 법원 자리에 있었으나, 강희 연간 이후 1732년 옥하관이 러시아 사절의 전용 숙소가 되면서 조선 사절단은 기존의 옥하관에서 남쪽으로 한 블록 떨어진, 지금의 북경시 공안국 자리에 새로운 숙

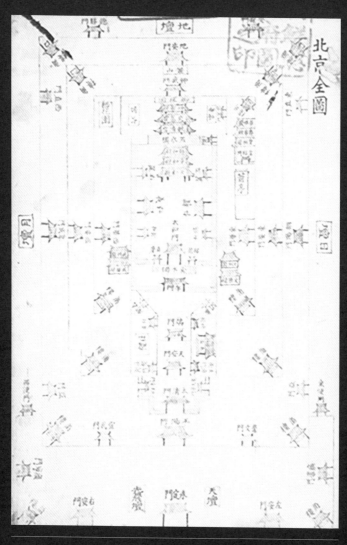

그림1 김경선, 『연원직지』 〈북경전도〉, 규장각한국학연구원 소장

평면적이지만 자금성 및 북경 내·외성의 성문 위치를 한눈에 파악할 수 있다

소를 제공받았다. 조선관朝鮮館, 남소관南小館, 남관南館 등으로 불린 이곳을 조선 지식인은 이전과 동일하게 옥하관이라 일컬었다.[19] 북경 관광의 출발지인 옥하관을 중심으로 주요 관광지를 동-서-남-북 순으로 구분하여 간략하게 짚어 본다.

북경 내성의 동쪽 문인 조양문은 조선 사절단이 북경으로 들어갈 때 이용한 문이다. 조선 사절단은 통주를 지나서 북경에 당도했는데, 북경성 안으로 들어오기 직전 동악묘東嶽廟에서 관복으로 갈아입은 뒤에 숙소까지 이동했다. 동악묘는 조양문 밖 (지금의 북경시 조양구朝陽區 조외대가朝外大街)에 있는 도교 사원으로 태산泰山의 산신인 동악대제東嶽大帝 등 각종 도가의 신을 모신 곳이다.[20] 조선 사신이 일찍부터 관광을 시작한 국자감과 옹화궁, 문승상사, 순천부학順天府學이 내성 동북쪽에 모여 있어 하루 코스로 관광할 수 있었다. 또한 내성 동쪽에는 융복사隆福寺와 동천주당, 관상대觀象臺 등이 분포해 있어 조선 지식인들은 동북쪽 지역을 오가는 길에 이곳들을 들르기도 했다.

북경 내성의 서쪽 문인 부성문과 부성문 북쪽의 서직문은 원명원과 서산에 갈 때 주로 이용했다. 부성문으로 가는 길목에는 광제사廣濟寺, 역대제왕묘, 묘응사妙應寺(일명 백탑사白塔寺)가 나란히 있어 함께 묶어 둘러보기에 적합했다. 명대에는 사절단이 의례 연습을 위해 반드시 가야 했던 조천궁이 인근에 있어서 조천궁에 갔다가 자연히 역대제왕묘와 묘응사까지 관광했으며, 청대에 와서는 여기에 광제사가 추가되기도 했다. 또한 부성문 밖으로 나가면 이탈리아 선교사 마테오 리치(Matteo Ricci)가 묻혀 있는 이마두묘利瑪竇廟에 도달할 수 있었다.

북경 내성의 남쪽 문인 정양문은 사절단의 숙소와 가장 가까운 성문이었기 때문에 조선 지식인들이 자주 드나들었다. 정양문 서쪽의 선무문 안에는 남천주당 및 코끼리를 볼 수 있는 상방象房(또는 순상소馴象所)이 있었다. 선무문 밖으로 나가면 유리창琉璃廠과 장춘사長椿寺, 보국사報國寺(뒤에 자인사慈仁寺로 개칭) 등을 관광할 수 있었으며, 북경 외성의 서쪽에 있는 두 개의 문인 서편문 또는 광녕문으로 나가서 천녕사天寧寺와 백운관白雲觀을 관광했다. 광녕문은 19세기에 외성 서남쪽 외곽에 있는 노구교盧溝橋를 가기 위해 이용하기도 했다. 또한 정양문 동쪽의 숭문문은 정양문과 더불어 북경 외성 남쪽과 동쪽 지역을 관광하러 갈 때 이용한 문이다. 외성의 남쪽 문인 영정문 방향으로 가서 천단, 금어지金魚池, 약왕묘藥王廟 등을 관광한 뒤, 동쪽으로 방향을 돌려서 법장사法藏寺를 지나 외성의 동쪽 문인 광거문 인근의 만류당萬柳堂, 염화사拈花寺, 석조사夕照寺 등을 차례로 관광하기도 하고, 동편문으로 나가서 황금대黃金臺를 찾거나 신목창神木廠과 삼충사三忠祠 등을 관광하기도 했다.

북경 내성의 북서쪽 문인 덕승문은 1780년과 1790년 조선 사절단이 두 차례 북경-열하를 왕복할 때 공식적으로 이용했다. 19세기에는 북경 서북쪽 외곽의 원명원과 서산을 오갈 때 서직문 대신 덕승문을 주로 이용했는데, 이로 인해 그 길목에 놓인 각생사覺生寺(일명 대종사大鐘寺), 진각사眞覺寺(일명 오탑사五塔寺), 만수사萬壽寺가 관광 코스에 추가되었다. 이상의 내용을 표로 정리하면 아래와 같다.

구역	주요 명소	연경팔경
자금성/서원	태액지(太液池), 오룡정(五龍亭), 홍인사(弘仁寺), 만불루(萬佛樓), 극락세계전(極樂世界殿), 천복사(闡福寺), 구룡벽(九龍壁), 자광각(紫光閣), 영대(瀛臺)	경도춘음(瓊島春陰), 태액추풍(太液秋風)
내성 동(북)쪽	국자감(國子監), 옹화궁(雍和宮), 문승상사(文丞相祠), 순천부학(順天府學), 융복사(隆福寺), 천주당(天主堂), 관상감(觀象監)	
내성 서(북)쪽	역대제왕묘(歷代帝王廟), 묘응사(妙應寺), 광제사(廣濟寺), 원명원(圓明園), 서산(西山), 곤명호(昆明湖), 향산(香山), 벽운사(碧雲寺), 만수사(萬壽寺), 오탑사(五塔寺), 각생사(覺生寺)	계문연수(薊門煙樹), 서산청설(西山晴雪), 옥천박돌(玉泉趵突), 거용첩취(居庸疊翠)
외성 남쪽	천단(天壇), 선농단(先農壇), 악왕묘(岳王廟), 금어지(金魚池), 약왕묘(藥王廟)	
외성 동쪽	법장사(法藏寺), 만류당(萬柳堂), 염화사(拈花寺), 석조사(夕照寺), 신목창(神木廠), 삼충사(三忠祠)	금대석조(金臺夕照)
외성 서쪽	유리창(琉璃廠), 화신묘(火神廟), 장춘사(長椿寺), 보국사(報國寺), 천녕사(天寧寺), 백운관(白雲觀)	
외성 서남쪽	법원사(法源寺), 도연정(陶然亭), 노구교(盧溝橋)	노구효월(盧溝曉月)

표1 조선 사절단의 주요 북경 관광지

책으로 만난 북경

　지도와 더불어 조선 지식인이 북경 관광의 가이드북으로 이용한 자료는 전대의 사행 기록을 비롯하여 『대명일통지大明一統志』, 『대청일통지大淸一統志』, 『광여기廣輿記』, 『제경경물략帝京景物略』, 『일하구문日下舊聞』, 『춘명몽여록春明夢餘錄』, 『신원지략宸垣識略』 등 중국에서 간행된 지리 관련 서적을 꼽을 수 있다. 조선 지식인들은 기본적으로 선조나 지인들이 밟았던 사행 절차와 경로대로 이동하면서 관광했으나 삼사신에 비해 북경 내 활동에 제약이 적었던 자제군관들은 수집한 정보들을 바탕으로 새로운 곳을 개척해 나갔다.

　먼저 중국 전역의 연혁·지리·풍속·성지城池·호구戶口·부세賦稅·직관職官·산천·고적·사묘祠廟·사관寺觀·명환名宦·인물·토산土産 등을 망라한 『대명일통지』 및 『대청일통지』 등 명·청대 관찬 지리서는 사신들이 중국의 볼거리가 무엇인지를 확인할 수 있는 가장 직접적인 참고서였다. 예컨대 전 시기 연행록에 거의 빠짐없이 등장하는 '연경팔경燕京八景'은 조선 초 이승소李承召의 기록에서부터 확인되는데, 이승소는 1481년 북경에서 구입한 『대명일통지』에서 명 학사들이 지은 여러 편의 「북경팔경北京八景」 시를 보고는 북경에 직접 가지 않고도 그 풍경을 알게

되었다고 술회했다.[21]

　조선 후기로 가면 이른바 3대 연행록으로 일컬어지는 김창업의『연행일기燕行日記』, 홍대용의『연기燕記』, 박지원의『열하일기熱河日記』가 베스트셀러로 대중에게 널리 읽혔거니와, 개인이 편찬한 지리서 역시 관광 가이드북으로서 큰 비중을 차지했다. 한 예로 1829년 진하사 서장관 강시영姜時永의『유헌속록輶軒續錄』을 보면, 중국의 여러 곳에서 부친과 선조들의 사행 경험을 떠올리고 자신보다 70여 년가량 앞서 북경을 다녀온『북원록北轅錄』내용과도 비교해 가며 중국을 견문했다. 또 이동하는 수레에서『광여기』를 보기도 하고, 북경의 숙소에서는『황청개국방략皇淸開國方略』을 본 후 명 말의 사적을 많이 알게 되었다고 말하는 등 강시영은 사행하는 도중에도 여러 서적을 읽었다. 또한 1760년 동지 사행에 참여한 이의봉은 북경을 두루 관광하고자『일하구문日下舊聞』한 책을 별도로 초록해 갔고, 1804년 사은 사행에 참여한 김선민金善民은 서장관 원재명元在明에게서『일하구문』을 빌려 읽었으며, 1849년 고부 정사 이계조李啓朝는 병으로 인해 옥하관에 머물면서『신원지략』을 읽기도 했다.『신원지략』이나『일하구문』,『춘명몽여록』등은 현대의 포켓북과 같은 수진본袖珍本으로 유통되어 휴대가 용이했으므로 중국에 지참해 갈 수 있었다.

이처럼 중국에서 간행된 지리서가 조선에 유입되어 사절단의 북경 관광에 영향을 미친 단적인 사례로 김창업과 이기지의 경우를 들 수 있다. 김창업과 이기지는 각각 북경의 동쪽 지역과 서쪽 지역에 대한 지리 정보를 지방지에서 확인한 다음 자신들의 관광 일정에 반영했다.

먼저 1712년 북경에 도착한 김창업은 북경 현지에서 역관 오지항吳志恒이 입수해 온『대흥현지大興縣志』를 읽고 "이 책을 얻으니 더욱 밖으로 나가고 싶은 마음이 생긴다"라고 소감을 밝힌 다음, 관제묘關帝廟, 법장사, 문승상사, 석고石鼓 등 북경의 여러 명소와 관련하여『대흥현지』에 실린 내용을 소개했다. 아울러『대흥현지』를 통해 조선 지식인이 이전에 가 본 적 없던 약왕묘와 금어지라는 곳을 알게 되자, 지나가는 소년에게 그 위치를 물어 관광에 성공했다.

뒤이어 1720년 북경에 간 이기지는 김창업이 참고한『대흥현지』에 더하여『완평현지宛平縣志』에 실린 대전단사大旃檀寺(홍인사), 백탑사白塔寺(영안사), 보국사, 천녕사, 백운관 등을 적극적으로 찾아다녔다. 이기지는 마침내 10월 3일 천녕사와 백운관, 10월 5일 보국사, 10월 8일 백탑사와 전단사를 관광했으며, 전국시대 연소왕燕昭王이 천하의 현자들을 초빙하기 위해 세웠다는 황금대黃金臺 터를 수소문했으나 아무도 그 위치를 아는 사람이 없어 가 보지 못했다.

청대에 북경은 행정구역상 순천부順天府에 속해 있었으며, 동쪽 지역이 순천부의 치소인 대흥현이고 서쪽 지역이 완평현이었다. 따라서 『대흥현지』와 『완평현지』는 모두 북경의 지리에 관한 정보가 담긴 책으로 김창업과 이기지가 북경을 관광하는 데 주요 지침서가 되었다. 더욱이 김창업과 이기지의 연행이후, 이들이 새롭게 개척한 명소들이 조선 사절단의 보편적인 관광 코스로 정착했다는 점은 전대 사행 기록과 더불어 지리서가 북경 관광 양상에 큰 영향을 주었음을 뒷받침한다.

북경성 안에서는 오늘날 중화 문물을 알 길이 없으나 산하山河만은 옛 모습 그대로 변함이 없다. 오직 이곳 북경은 옛날 제왕의 도읍이 되고부터 기록할 만한 고적古蹟이 매우 많지만 비록 견문한 것이 있어도 혹 10분의 1이라도 잘못된 곳이 있을까 걱정한다면 그 사실을 기록하여 다른 사람에게 전해서는 안 된다. 이것을 매번 근심하여 충분히, 자세히 살피고 또 『제경경물략』과 『대흥지大興志』 등의 책을 구하여 그 책에 실려 있는 내용을 읽고서 (내가) 귀로 듣고 눈으로 본 것을 검증하니 책의 내용과 딱 들어맞았다.[22]

1729년 사은 사행에 참여한 김순협金舜協의 위 언급을 통해
조선 지식인이 지리서를 활용하여 북경에 대한 이해를 심화했
음을 알 수 있다. 김순협은 북경의 인물, 사당과 절, 명승고적을
두루 관찰하고 상세히 기록하려 해도 빠뜨리는 정보가 많다는
사실에 안타까움을 드러내면서 사람들에게 특별히 북경의 사
적을 상세하게 전하기 위해『제경경물략』과『대흥현지』를 참고
했다고 밝혔다. 김순협도 김창업 및 이기지와 마찬가지로『대
흥현지』를 관광 안내서로 활용하여『대흥현지』에서 먼저 문승
상사의 위치를 확인한 뒤에 실제로 찾아가기도 했다. 명대 유동
劉侗과 우혁정于奕正이 편찬한『제경경물략』은 북경 지리와 풍속
에 관한 서적으로 조선 후기 많은 연행록에서 인용한 책 중 하
나이다.

　　특히 19세기에 조선 지식인들이 널리 애독한『신원지략』은
1788년 청대 오장원吳長元이 편찬한 책으로, 북경을 대내大內, 황
성皇城, 내성內城, 외성外城, 원유苑囿, 교경郊坰 편으로 나누어 서술
하고, 각 권의 마지막 면에 해당 권역의 지도를 첨부하는 방식
을 취했다. 대내는 자금성만을 가리키고, 황성은 자금성과 서원
西苑(태액지 일대를 가리킴)을 포함한 것이다. 원유는 황제의 원림과
행궁이 조성된 만수산·옥천산·향산, 즉 '서산西山' 권역을 집중
적으로 다뤘으며, 교경은 내성과 외성 밖의 명승고적을 두루 소

개했다. 또한 내성은 다시 만주족 팔기八旗의 거주 구역에 따라 동남·동중남·동중북·동북·서남·서중남·서중북·서북으로 구분했고, 외성은 다시 서북·서남·동북·동남으로 구분했다. 이렇게 북경성 안팎을 세분화하여 소개한 기록을 접한 조선 지식인들은 북경 지리를 더욱 체계적으로 파악할 수 있었다.

1850년 세폐 사행에 참여한 권시형權時亨은 외성의 동편문東便門을 나가면서 북경성이 '凸' 자형 구조임을 확실하게 인지했다.[23] 또 1811년 동지 사행에 참여한 이정수는 북경의 권역을 궁성 내宮城 內·성내城內·외성 내外城 內·서직문 외西直門 外·원명원 외圓明園 外·서산西山·서산 외西山 外로 구분하여 주요 관광지를 간추렸다.[24] 각 지역에 위치한 명승고적을 보면 '궁성'은 곧 『신원지략』의 황성을 의미하고, '성내'는 곧 북경 내성을 가리키며, 특별히 서직문, 원명원, 서산을 거점으로 설정하여 북경의 명소들을 요령 있게 안내했다. 북경의 중심부인 황성을 기준으로 삼아 내성을 중심으로 동서남북으로 나누어 인식하던 데서 그 주변부인 외성과 외곽으로 시야를 확장함으로써 조선 지식인들이 북경의 지리적 위치를 폭넓게 파악하는 데 지리서가 큰 역할을 한 것이다.

3

관광 과정의
이모저모

관광 가이드, 서반과 마두

조선 사절단이 북경을 관광할 때는 원칙적으로 중국 측 통사 通事나 서반序班·胥班, 통관通官, 갑군甲軍 등이 동행해야 했다. 이들 은 예부에 소속된 관원으로 외국 사신의 의례, 접대 및 통역, 회 동관 관리 등을 담당한 직책인데,[25] 사신들의 행동을 감독하는 한편으로 관광의 가이드 역할까지 도맡았다. 특히 대명 사행에 서는 서반이나 관부館夫 등이 반드시 관광에 동행했다. 1533년 진하 정사 소세양은 북경에 체류하는 동안 서반 하린夏麟, 이승 화李承華, 장헌張憲 등과 각별하게 지냈는데, 특히 장헌의 안내 로 국자감, 해인사, 역대제왕묘, 조천궁 등을 관광할 수 있었다.

이는 조선 사신이 5일에 한 번씩 서반을 대동하여 시가지와 볼 만한 곳을 유람할 수 있도록 명 예부에서 조치해 준 덕분이었다.[26] 이듬해인 1534년 북경에 간 동지 정사 정사룡鄭士龍은 해인사에서 서반 하린과 술잔을 기울이기도 했다.[27] 해를 거듭하여 관광이 지속되면서 조선 사절단과 서반의 친분도 쌓여 갔다.

한편 대청 사행에서는 서반을 의지하여 관광한 사례를 찾기 어렵다. 중국 측 통관이나 갑군의 안내를 받은 경우가 있긴 하나 그보다는 조선 측 마두馬頭의 역할이 두드러진다. 조선시대 사행 절차 등을 정리한 『통문관지通文館志』에 따르면, 사절단에 속한 역졸驛卒로 자문마두咨文馬頭, 방물마두方物馬頭, 세폐마두歲幣馬頭를 비롯하여 삼사에 딸린 서자마두書者馬頭, 좌견마두左牽馬頭, 농마두籠馬頭, 건량마두乾粮馬頭, 일산봉지日傘奉持, 인로引路, 교자부촉轎子扶囑, 주자廚子, 군뢰軍牢 등이 열거되어 있는데 대부분 황해도나 평안도 출신이라고 했다. 각 마두의 구체적인 역할에 대해서는 1860년 동지 부사 박제인朴齊寅의 『연행일기燕行日記』 권3 「부록」에 상세하다. 마두에 해당하는 직임을 간추리면 다음과 같다.

- 마두馬頭: 삼사신의 옆에서 명령을 전달하고 온갖 심부름과 자잘한 일을 도맡음. 경유하는 모든 역참과

행정구역의 이름을 알려줌.

- 상판사마두上判事馬頭: 청인淸人과 의사소통 및 분쟁 조율, 탐문 조사와 예부의 심부름, 배와 수레 대여, 관광 시 문지기에게 청심환이나 부채 등의 뇌물을 주어 주선, 진신안縉紳案과 조보朝報를 입수하여 삼사 신에게 올림.
- 서자書者: 모든 하인을 영솔하고 군령에 따라 근태를 감찰함. 산해관에서 일행보다 먼저 옥하관으로 가서 청소하고 정비함.
- 좌견左牽: 역마의 고삐를 끌고 사신을 엄호하며, 역참 과 여관에 머물 때 말 사료를 공급함.
- 농마두籠馬頭: 의복과 그릇, 짐바리 및 역참에서 쓸 침 구를 관리함.
- 교마두轎馬頭: 쌍가마를 점검·수리하고 간수함.
- 건량마두乾粮馬頭: 사행 도중 필요한 양식과 음식을 현지에서 구입하여 조달함.

마두는 수십 차례 중국을 왕래하여 현지 사정에 정통한 실 질적인 '중국통'으로 사신을 시종일관 수행하는 역할을 도맡았 다. 특히 마두 중 우두머리 격인 상판사마두의 비중이 가장 컸다. 그들은 풍부한 사행 경험을 바탕으로 사절단이 중국에 체류하는 기간 내내 각종 편의를 봐주었을 뿐 아니라, 지리에도 밝아서 조선 지식인이 견문을 넓히는 데 큰 역할을 했다. 수완이 좋은 마두는 중국 현지에서 사귀어 둔 지인들을 활용하여 관광 및 교제의 물꼬를 터주기도 했다.[28]

흥미로운 점은 특정한 마두가 공통적으로 참여한 여러 사행에서 공교롭게도 이전의 사행 기록에 언급되지 않은 동일한 장소들을 관광하고 있는 데다 장소마다 구석구석 세세하게 견문한 정황이 확인된다는 것이다. 18세기 중반 이의봉과 홍대용은 모두 자제군관 신분으로 사행에 참여했으며, 마두의 안내를 받아 적극적으로 북경 유람에 나섰다는 공통점이 있다. 홍대용은 자신보다 5년 앞서 북경에 온 이의봉과 동행했던 마두 덕형德亨과 세팔世八의 안내로 북경 내성의 서북쪽 외곽에 있는 서산까지 두루 관광할 수 있었다. 홍대용이 여러 차례 천주당 방문을 시도한 끝에 결국 성공하여 슬로베니아 선교사 유송령과 독일 선교사 포우관鮑友管(Antonius Gogeisle)을 만날 수 있었던 것도 세팔이 주선한 덕분이었다. 이렇듯 관광 공간의 확장에는 앞선 사행의 새로운 체험, 문헌을 통해 수집한 정보와 더불어 당시에 동행했던 마두의 역할이 대단히 중요했다.

19세기에도 조선 지식인들은 마두를 대동하여 새로운 명소들을 개척했다. 대표적인 예로 북경 외성 동쪽의 육영당育嬰堂을 들 수 있다. 육영당은 청 조정에서 비용을 지원받아 버려진 아이들을 거두어 기르고 교육하기 위해 강희 원년(1662)에 설치한 구휼 기관인데, 19세기 일부 지식인들이 마두 최운태崔雲泰와 오흥주吳興周의 안내로 그곳을 방문했다.[29] 1839년 동지사 서장관 이정리李正履는 수차례 육영당을 조사하여 청조의 구휼책이 잘 갖추어져 있음을 조정에 보고하기도 했다.[30] 1845년 동지사 서장관 이유원李裕元이 육영당을 방문한 기록도 확인된다.[31] 조선 사절단이 육영당의 존재를 알게 된 것은 마두배를 통해서였을 가능성이 다분하다는 점에서, 조선 지식인들이 단순한 유람의 차원을 넘어 청조의 정치사회상을 '관광'하는 데 마두가 큰 기여를 했음을 짐작할 수 있다.

관광의 필수품, 청심환

책문, 봉성鳳城, 심양, 산해관山海關 및 북경예부北京禮部에 으레 예물이 있고, 그 밖에 관광觀光하게 되는 이제묘夷齊廟, 북진묘北鎭廟, 동악묘東岳廟, 옹화궁雍和宮, 오룡정五龍亭, 서산西山 같은 곳에 으레 인정人情을 써야 한다. 옛 준례에 모두 합쳐 싸 가지고 가는 것이 있으니 다음과 같다.

장지肚紙 690묶음, 백지 300묶음, 청서피靑鼠皮 277장, 작은 갑초匣草 2,424봉지, 향봉초鄕封草 950봉지, 자개 박은 담뱃대 220개, 긴 담뱃대 96개, 은동고리(銀項) 담뱃대 263개, 주석 장도粧刀 108자루, 초도鞘刀 370자루, 부채 800자루, 대구 건어 170마리, 월내月乃 68벌, 환도環刀 14자루, 은대모銀玳瑁 장도 7자루, 청은대모 장도 12자루, 은 담뱃대 19개, 담뱃대 179개, 전복全鰒 13첩貼, 문어 7마리, 화철火鐵 310개, 해삼 20말(斗), 정은正銀 8냥, 큰 갑초 110봉지, 유둔油芚 3벌, 화봉화철花烽火鐵 15개, 붓·먹 각기 52개.

이상 각종 물건을 상방上房과 부방副房에서 절반씩 나누어 내고, 이 외에 따로 갖추는 각종 어물, 유둔, 능화綾花, 환약, 해물醢物, 필묵 등의 것은 이보다 몇 배나 된다. 또 왕래하는 아문衙門의 갑군甲軍 및 사관에 머물 때 각처의 그날그날 행차에 쓰이는 갑초와 봉초封草가 또한 수천이 되나 다 기록할 수 없다. 그 밖에 또한 은으로 계산하여 주는 것이 있어 무려 1,000여 냥이 되는데, 이것은 일행 중의 추렴에서 나온다.[32]

김경선의 전언은 조선 사절단이 중국을 관광할 때 반드시 예물이 필요했음을 증언하고 있다. 위 언급에는 빠져 있지만 예물로 특히 각광받은 품목은 바로 청심환이다. 조선 사신들은 청심환을 휴대하여 사행 노정과 북경의 명소를 유람할 수 있었다. 18세기를 전후하여 북경의 천주당을 방문해 서양 선교사와 만남의 물꼬를 틀 때도 그들에게 보내는 예물에서 청심환은 빠지지 않는 물품이었다. 조선 사절단은 명소를 방문할 때 청심환, 부채, 종이, 붓, 먹 등을 뇌물로 주거나 중국 문사들과 교유할 때 선물로 증정했다. 그중에서도 조선의 청심환은 그 효험이 중국에 널리 알려져 품귀 현상을 일으킬 정도로 유행했다. 따라서 사절단의 일원으로 중국에 가는 조선 지식인들은 누구나 청심환을 필수품으로 휴대했고, 중국 사람은 남녀노소를 불문하고 청심환을 얻기 위해 조선 사절단이 가는 곳마다 모여들었다.[33]

관광에서 청심환이 효험을 발휘한 에피소드는 연행록에서 종종 볼 수 있다. 북경에 도착한 조선 사절단은 옥하관을 관리하던 서반이나 통관에게 미리 청심환을 비롯한 각종 예물을 주어 관광을 수월하게 할 수 있도록 조치했다. 특히 조선 사절단의 관광이 제한된 태액지, 서산, 천주당, 관상감 등지의 문지기들은 아예 대놓고 청심환을 요구하기도 했는데, 그때마다 청심환 몇 알을 주어 관광에 성공할 수 있었다.

저들(중국인)이 반드시 고려 청심환을 귀하게 여기는 것은 오직 그 재료 가운데 인삼과 우황이 고려 땅에서 생산된 것을 좋은 것이라 여기고, 또 대두황권大豆黃卷은 더더욱 고려에서만 생산되는 것이라고 여기기 때문이다. 북경의 가게와 상점들의 간판 위에 특별히 '고려 청심환'이라는 이름을 써 놓아서 광동廣東의 약재, 호주湖州의 붓, 휘주徽州의 먹과 명성을 나란히 하니 어찌 훌륭하지 않은가. 이러한 지극히 훌륭한 물건에 대해 진실로 하례下隸들이 가짜를 가지고 진짜를 어지럽히는 폐단이 없고 또 하례들이 헐값에 마구 파는 폐단이 없었다면 충분히 하나의 진귀한 물건이 될 수 있었을 것이다.[34]

조선의 청심환이 워낙 인기가 많다 보니 북경의 상점에서 거래되기도 했는데, 조선의 마두들이 가짜 청심환을 팔거나 헐값에 청심환을 팔아버리는 폐단이 일어나기도 했다.

북경 여행의 기념품

조선 지식인은 명승고적을 탐방하는 한편으로, 번화한 시장이나 상점에 가서 각종 기물 및 서적, 서화, 골동품, 약재 등을 구경하고 서책, 안경, 문방사우, 차, 약재 등을 구입해 오기도 했다. 그 대표적인 공간으로 유리창琉璃廠, 융복사隆福寺, 자인사慈仁寺(또는 보국사報國寺) 등을 꼽을 수 있다. 융복사와 자인사는 본래 사찰인데 정기적으로 시장이 열렸기 때문에 조선 사절단이 장터를 구경하러 자주 찾던 장소이다.

유리창은 유리 기와와 벽돌을 만드는 공장이다. 모든 푸르고 누른 잡색 기와며 벽돌들이 유리처럼 번쩍거리므로, 나라에서 쓰는 각색 기와나 벽돌들은 모두 유리라는 이름을 붙인다. 대체로 공역工役하는 집을 창廠이라 부른다. 유리창은 정양문 밖 서남쪽 5리 지점에 있는데, 창에 가까운 길 좌우는 시장 점포이다. 동서로 여문閭門을 세우고 유리창이란 편액을 붙여 두었기 때문에 그것이 시장 이름으로 되었다고 한다.

시장 안에는 서적과 비판碑版, 정이鼎彝, 골동품 등 모든 기완 잡물器玩雜物들이 많다. 장사를 하는 사람들 중에는 과거를 보고 벼슬을 얻기 위해 온 남방의 수재들이 많기 때문에, 이곳에 있는 사람 중에는 가끔 명사들이 끼어 있다. 시장의 전체 길이는 5리쯤 된다. 비록 누각과 난간의 호화나 사치는 다른 시장만 못하지만, 보배스럽고 괴상하고 기이하고 교묘한 물건들이 넘쳐흐를 정도로 쌓여 있었다. 시장의 위치 또한 예스럽고 전아했는데, 길을 따라 서서히 걸어가면 마치 페르시아波斯의 보물 시장에 들어간 것처럼 그저 황홀하고 찬란하기만 해서 종일 다녀도 물건 하나 제대로 감상할 수 없었다.[35]

유리창은 수많은 가게와 서점이 들어선 번화가로, 유리창을 구경한 조선 지식인들은 페르시아 시장에 빗대곤 했다. 유리창 남쪽의 '선남宣南(선무문 남쪽)' 지역은 많은 한족 명사가 거주했을 뿐만 아니라 과거 응시를 위해 상경한 강남 지식인들이 머물러 지내는가 하면 낙방한 거인擧人들이 책을 간행하며 생계를 꾸려 가던 일종의 '문화 공간'이었다. 따라서 조선 지식인들은 유리창에 갔다가 서적을 구매하러 온 중국인들과 교유하기도 했다. 1765-1766년 홍대용이 절강성 항주杭州 출신 세 선비 엄성嚴誠, 반정균潘庭筠, 육비陸飛와 두터운 우정을 나누게 된 첫 시작점이 바로 유리창이거니와, 1780년 8월 북경에서 박지원은 유리창이 위치한 양매서가楊梅書街(지금의 북경시 선무구宣武區 양매죽사가楊梅竹斜街)를 수차례 찾아가서 중국 학술과 문화에 대한 이해를 넓혔다. 1778년 이덕무李德懋와 박제가朴齊家가 방문한 오류거五柳居와 1801-1802년 유득공이 방문한 취영당聚瀛堂 역시 유리창에 위치한 서점이다. 오류거 주인 도정상陶正祥과 취영당 주인 최기崔琦는 조선 지식인들이 자주 방문한 터라 조선 사절과 친숙한 사이였다.

조선 지식인들은 유리창 서점에서 각종 서적을 구입하기도 하고, 골동품과 서화, 인장을 구경하기도 했다. 또 자명종自鳴鐘이나 요지경瑤池鏡과 같은 서양 기물들, 안경, 약재 등 갖가지 물물건도 구입했다. 1778년 북경에 간 이덕무는 숭수당嵩秀堂, 문수당文粹堂, 성경당聖經堂, 명성당名盛堂, 문성당文盛堂, 경유당經腴堂, 취성당聚星堂, 대초당帶草堂, 욱문당郁文堂, 문무당文茂堂, 영화당英華堂, 문환재文煥齋 등의 서점에서 판매하는 희귀본 서목을 기록하기도 했으며, 1802년 1월 서유진은 어느 한 책방에서 조선의『동의보감東醫寶鑑』이 진열된 것을 목격하기도 했다. 음악에 관심이 많던 홍대용은 유리창에서 유劉씨 성을 가진 악공의 거문고 점포에 들르기도 하고, 장석존張石存이란 사람의 가게에 가서는 수정 인장을 새겨 오기도 하는 등 유리창을 수차례 드나들며 중국의 문화와 문물을 한껏 즐겼다. 그렇다면 조선 사람들이 북경 여행에서 기념품으로 구입한 물건은 무엇이었을까? 1760년 진하부사 서명신徐命臣의 기록에서 그 단서를 찾을 수 있다.

- 김사서金士瑞의 요청: 『창려집昌黎集』, 없으면 『유주집柳州集』
- 소공동 홍판서洪判書의 요청: 『방손지재方遜志齋』
- 박성원朴聖源의 요청: 『의례경전통해儀禮經傳通解』
- 이정보李鼎輔의 요청: 『요산암기堯山庵記』 내·외편
- 풍천豊川의 요청: 『동파시東坡詩』 한 질(혹은 주註가 있는 것)
- 대하豊河의 요청: 『사기평림史記評林』
- 김신金神의 요청: 『사기史記』 대자본大字本
- 서상수徐尙修의 요청: 『모전毛傳』
- 심정최沈廷㝡의 요청: 동악묘비東岳廟碑 서체書體
- 참판댁 숙모님 등의 요청: 안경
- 이정철李廷喆의 요청: 주홍색 먹
- 송남원宋南原의 요청: 육종용肉從容 1-2근, 파고지破古紙 10냥
- 원참판元參判의 요청: 다고茶膏, 횡류고橫柳膏
- 어의동 이판서李判書의 요청: 선어鱔魚, 하수오何首烏
- 김유행金由行의 요청: 작설향차雀舌香茶 따위[36]

서명신은 북경을 떠나면서 지인들로부터 구매를 요청받은 품목을 떠올렸다. 『모시毛詩』(『시경詩經』 주해서)와 『의례경전통해』와 같은 경전 주해서, 사마천司馬遷의 『사기』와 그 주석서인 『사기평림』, 당나라 한유韓愈와 유종원柳宗元의 문집, 송나라 소식蘇軾의 시집, 명대 학자 방효유方孝孺의 문집과 장일규蔣一葵가 편찬한 필기류 『요산당기堯山堂記』 등 역대 중국의 서적 및 서첩을 비롯하여 각종 약재, 안경, 먹, 차 등을 구하고자 희망했음을 알 수 있다.

> 조선관朝鮮館 근처는 태반이 인삼국으로 간판이 모두 '고려인삼국高麗人蔘局'이다. 중국산 인삼은 상당上黨에서 나는 것을 명품으로 여기는데 외국산은 조선 인삼이 명품 중 하나다. 주인이 다정하게 캉(炕) 안으로 맞아들이니 서화와 물건이 하나같이 모두 진귀한 완호품이었다. 영화英和·조진용曹振鏞·대란분戴蘭盆 등과 같은 청조의 이름난 재상과 학사의 글씨가 가로로 긴 대련 족자에 들어 있었다.[37]

약재의 경우는 옥하관 좌우로 밀집해 있던 '인삼국人蔘局'에서 구했으리라 짐작된다. 인삼국은 조선 사절단과 각종 물건을 교역하던 곳으로, 18-19세기 옥하관을 중심으로 한 상업 교역이 대단히 활발했고, 특히 1797년 이후 북경의 상인과 조선의 역관 등을 중심으로 이루어진 인삼 거래량의 증가는 조선 사절단의 숙소 주변에 많은 점포가 들어서게 했다.[38] 특히 조선의 청심환과 더불어 인삼 역시 중국인들이 명품으로 취급하던 물품이다. 옥하관 인근에는 '고려인삼국'이란 간판을 내건 점포가 즐비했는데, 이들 인삼국은 인삼을 포함하여 서화, 문방사우, 안경, 약, 베, 향, 차 등에 이르기까지 다양하게 취급하는 잡화점이었다. 게다가 식견과 감식안을 갖춘 주인의 가게에는 명인들의 서화가 진열되어 있어 조선 사신들의 관심을 끌기에 충분했다.[39]

4

북경 관광의
주요 코스

황성: 자금성, 서원

북경에서 조선 사절단은 규정에 따라 각종 접대 의례에 참석해야 했다. 기본적으로 북경에 도착하면 하마연下馬宴을, 북경을 떠날 때 상마연上馬宴을 행하고 외교 문서인 표문表文과 자문咨文 및 방물方物을 바쳤다. 또 황제가 주관하는 각종 연회에 참석했는데, 동지 사행의 경우 1780년대에 접어들면서 자금성 보화전의 제석연, 태액지 자광각의 세초연과 영대의 빙희연, 원명원의 상원연 등 공식 의례에 참석함으로써 황실의 공간을 관광할 수 있었다. 그중 황성에서 조선 문인들이 특별한 관심을 기울인 장소는 서원西苑과 경산景山이다.

서원은 자금성 서쪽 태액지에 조성한 황실의 정원이다. 태액지는 인공호수로 크게 북해, 중해, 남해 세 구역으로 나뉘는데, 금·원대에 북해와 중해를 조성하고 명대에 남해를 완성한후 세 구역을 '서해자西海子'라 통칭했다. 여러 사행 기록에 나오는 금오옥동교金鰲玉蝀橋가 바로 북해와 중해의 경계에 있는 다

그림 2 경화도

태액지 북해 가운데 조성한 인공섬으로, 경화도 안에 건륭제의 서재와 영안사 등이 있다.
연경팔경 중 하나인 '경도춘음瓊島春陰'은 바로 경화도의 봄 그늘이다.

리이다. 현재 북해는 북해 공원으로 조성해 개방하고 있으며, 중남해는 주석과 국무원 총리실 및 공산당 중앙위원회로 사용되고 있어 일반인들의 출입이 불가하다.

금나라 때 북해에 인공섬인 경화도를 만들어 행궁을 조성했고, 원나라 때 북해를 확대 준설한 후 경화도를 '만수산萬壽山'(또

는 '만세산萬歲山')이라 불렀다. 1651년(순치 8) 경화도 남쪽 기슭에 라마교 사원인 백탑사白塔寺를 세웠으며, 1741년(건륭 6) 그 이름을 영안사永安寺로 고쳤다. 이 영안사 백탑으로 인해 경화도를 '백탑산白塔山'이라 부르기도 했다. 연경팔경 중 하나인 '경도춘음(경화도의 봄 그늘)' 비석이 있는 곳이 바로 경화도이다. 건륭제는 1751년 강소성 진강鎭江의 금산사金山寺를 모방하여 경화도 북쪽 기슭에 의란당漪瀾堂, 벽조루碧照樓, 도녕재道寧齋, 원범각遠帆閣, 희대戱臺 등 다수의 건물을 짓고 독서하고 연회를 베푸는 공간으로 활용했다. 또한 건륭제는 1546년에 만들어진 오룡정 인근에 여러 건축물을 조성했다. 1746년 천수천안불千手千眼佛을 모신 천복사闡福寺를 세우고 1756년 구룡벽九龍壁을 만들었으며, 60세를 맞이한 어머니 황태후의 축수를 기원하기 위해 1768년부터 1770년까지 극락세계전極樂世界殿을 완성하고 만불루萬佛樓를 세웠다.

중해에 있는 자광각은 명 정덕正德 연간에 짓고 청 강희 때 중수하여 시위侍衛들의 무예를 시험하던 곳이다. 건륭제가 재위 기간인 1760년과 1775년에 중수한 뒤에 공신도功臣圖를 그리고 어제시御製詩를 새겨 외번外藩에게 연회를 베푸는 곳으로 사용했다. 중해의 수운사水雲榭에는 연경팔경 중 하나인 '태액추풍太液秋風(태액지의 가을바람)' 비석이 있었다. 한편 남해를 대표하는 영

그림 3 북해 공원의 구룡벽

자금성의 구룡벽과 더불어 북경에 있는 두 곳의 구룡벽 중 하나이다

그림 4 극락세계전

소서천小西天의 안에 있는 건축물로 '극락세계' 편액은 건륭제의 어필이다

대는 명 영락 연간인 1421년에 세웠으며 순치제 때인 1655년과 강희제 때인 1681년 두 차례 중수하여 황실의 피서지로 사용한 곳이다. 건륭제가 매년 겨울 영대에서 행한 빙희연, 즉 얼어붙은 호수 위에서 군인들이 스케이트를 타며 무예를 선보이는 연회는 1785년부터 도광 연간 폐지되기 전까지 조선 사절단이 특별히 누릴 수 있었던 장관 중 하나였다.

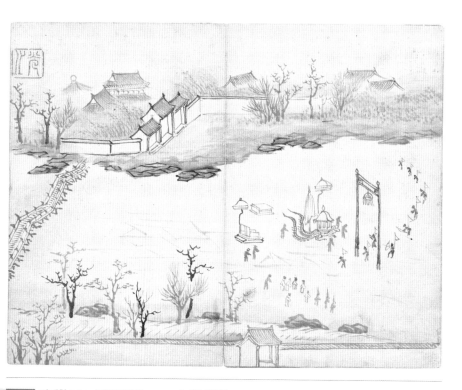

그림 5 강세황姜世晃,《영대기관첩瀛臺奇觀帖》〈영대빙희瀛臺氷戲〉, 국립중앙박물관 소장

1784년 진하부사 강세황 일행은 빙희연을 최초로 구경한 조선 사절단이다

자광각과 영대를 제외하고 조선 지식인들은 대체로 북해의 오룡정 인근을 탐방했는데, 이곳에 건륭제가 대규모로 중축한 건축물이 하나둘씩 완성됨에 따라 조선 사절단의 관광 대상에 차례로 포함되었다. 따라서 18세기 중반 연행록에서 오룡정과 홍인사 정도였던 서원 내 관광 공간은 18세기 후반이 되면 훨씬 다양해지고, 그에 관한 내용도 풍성해진다. 예컨대 『열하일기』「황도기략黃圖紀略」 편에 실린 총 39개 기사 중에서 〈금오교金鰲橋〉, 〈경화도瓊華島〉, 〈오룡정五龍亭〉, 〈구룡벽九龍壁〉, 〈태액지太液池〉, 〈자광각紫光閣〉, 〈만불루萬佛樓〉, 〈극락세계極樂世界〉, 〈영대瀛臺〉의 9개 기사가 서원에 관한 것이다. 다만 경화도는 조선 사신의 출입이 불가능했기 때문에 영안사 백탑을 직접 관광한 것은 1720년 이기지가 유일하다. 다음은 이기지가 묘사한 경화도 안의 풍경이다.

태액지太液池가 보였는데 마치 거울이 공중에 떠 있는 듯했다. 사방에는 울긋불긋한 누각이 그림처럼 두르고 있었다. 서북쪽을 바라보니 백탑이 호수 한가운데에 세워져 있었는데 구름 속으로 높이 치솟아 있었다. 이 것이 바로 태액지 한가운데에 있는 경도瓊島였다. 천주 당이 동화문東華門 밖에 있을 것이라 생각했는데 이미 그곳을 지나쳤고, 왕종인王從仁이 서화문西華門 밖에 있다고 착각하여 나를 여기로 데리고 온 것이니, 나는 실로 예기치 않게 이곳에 이른 것이다. 마침내 계획을 바꾸어 곧바로 백탑으로 갔다. 길가에 둥근 누대가 있었는데, 둘레가 수십 보는 되었으며 누대 위쪽은 단청한 누각이 두르고 있었다. 그 안에는 온천이 있었는데 황제의 욕실이라 했다. 오른쪽으로 돌아 누대를 지나자 백탑이 호수 한가운데에 있었고 남쪽에는 큰 돌다리 두 개가 있었다. 동쪽 다리로 건너가 말에서 내려 높은 언덕을 올라갔다. 언덕은 높이가 여러 길 되었고 그 위에는 석대石臺가 있었다. 석대의 위쪽은 탑이고, 석대의 아래쪽에는 백탑사白塔寺라는 절이 있었다. 황색 옷을 입은 중이 나와서 맞이하기에 내가 물어보니 라마승喇嘛僧이라 하였다. 그 중이 나를 데리고 백탑을 올라갔다. 언덕 위에서부터 돌계단 수십 개를 올라갔으니 또한 3-4장은 되었다. 석대의 위쪽은 돌난간으로 둘렀으며 탑의 아래쪽은 네모나고 위는 둥글었다. 탑은 아래가 뾰족하고 위는 풍만한 것이 마치 아직 피지 않은 연꽃이 연뿌리와 함께 수면 위로 솟은 것 같았다. 높이는 13-14장으로 멀리서 보면 흰 돌 같았으나 사실은 백토

白土였다. 벽돌을 쌓아서 만들었는데 쇠말뚝을 교차해서 꽂아 두고 위쪽은 동반銅盤으로 덮었다. 동반 위에는 또 하나의 작은 동탑銅塔이 있었다. (중략)

탑 위에 나무가 있었지만 높아서 무슨 나무인지 알아볼 수 없었다. 듣기로는 꽃이 피면 오래가고 열매가 잘 익어서 땅에 떨어졌을 때 그것을 쪼개 보면 살구씨 같은 것이 있다고 하였다. 탑을 구경하노라니, 돌난간을 따라 한 바퀴를 돌면서 사방을 내려다보게 되어 있었다. 남쪽은 궁성 안쪽으로, 황색 기와를 한 전각의 처마와 용마루가 서로 이어져 있었다. 오문午門, 단문端門, 천안문天安門, 태청문太淸門 등 네 개의 문이 가장 높았는데, 중앙에 있는 큰 전각 세 채가 네 문과 직선으로 연결되어 있었다. 대전의 높이는 네 문에 미치지 못하였다. 궁성 안에는 단지 노란 기와집들만 겹겹이 펼쳐져 있었으며 나무는 한 그루도 없었으며 빈터도 없었다. 탑은 궁궐에서 겨우 400-500보 떨어져 있었다. 처마 아래를 내려다보니 궁인들이 많이 지나다녔는데 얼굴은 알아볼 수 없었다. 동쪽은 만세산으로 수목이 울창했다. 산의 북쪽에는 전각을 많이 세웠는데 궁성 안에 있는 전각 수의 절반에 가까웠지만 황색 기와를 얹

지는 않았다. 매산각煤山閣이 이곳에 있다.[40]

이기지가 말하는 백탑사가 바로 영안사이다. 이기지는 백탑
에서 태액지를 바라보며 광경이 기이하고 화려하여 마치 신선
이 산다는 봉호산蓬蒿山과 방장산方丈山 속에 있는 듯이 황홀했다
고 밝혔다. 또 백탑에서 바라본 자금성의 모습도 기록으로 남겼

그림 6 경화도에서 바라본 오룡정

는데, 매산각煤山閣이 바로 경산이다. 명대에는 석탄을 쌓아 두 었던 곳이라 하여 경산을 매산煤山이라 하였다. 경산은 1644년 이자성李自成이 북경에 쳐들어왔을 때 숭정제崇禎帝가 목을 매어 자살한 곳이어서 대명 의리를 견지한 조선 지식인들이 청에 대 해 비분강개한 심정을 표출하는 상징적인 장소였다.

북경 내성

① 동쪽 지역: 국자감, 옹화궁, 문승상사

내성의 동쪽 지역은 지금의 북경시 동성구東城區 일대이다. 국자감은 대명 사행과 대청 사행을 통틀어 조선 지식인의 필수 관광지로 '태학太學'이라고도 불렀다. 명대에는 16세기부터 조 선의 국자감 제도를 완비하기 위해 국자감을 답사하여 건물의 구조, 오성십철五聖十哲 위패의 배치, 국자감의 학칙 등을 자세히 관찰했다. 1608년 동지사 서장관으로 중국에 간 최현崔晛은 예 부에 표문을 제출한 날 국자감에 가서 공자, 안자, 증자, 자사, 맹자와 공자의 제자들의 위패 위치가 조선의 제도와 같음을 확 인했다. 또 홍무洪武 때 제정한 학규學規 중 중요한 내용을 베껴

왔는데,[41] 이는 조선의 국자감 운영에 참고하기 위해서였다. 한편으로 최현은 중국의 도관道觀과 절은 아름답게 꾸몄으나 국학과 문묘文廟는 먼지로 뒤덮혀 인적이 드문 현실과 문승상사의 위치를 모르는 국자감 서생들의 어리석음을 비판적인 시선으로 바라보기도 했다.

청대에도 조선 사절단은 문묘에 배알하고 국자감을 관광했는데 조천록에 비해 남긴 내용이 더욱 풍성하다. 특히 대성전 앞에 놓인 석고石鼓 10매, 명·청대 진사 급제자의 이름을 새긴 진사제명비進士題名碑, 원대 국자감 좨주를 지낸 허형許衡이 손수 심었다는 잣나무 등은 빠지지 않고 등장하는 소재이다. 또한 건륭제가 조성한 벽옹辟雍의 제도에 대해서도 주의를 기울였다. 다음은 1831년 사은 사행에 참여한 한필교韓弼敎의 기록이다.

> 태학의 서남쪽에 반달 모양으로 물길을 빙 두르고 돌다리를 놓은 곳이 있으니, 바로 벽옹이다. 주나라 때 《벽옹도辟雍圖》에 그려놓은 것처럼, 4면에 돌계단이 있고 돌난간을 둘렀으나 물은 이미 말라 버렸다. 그 좌우로 무廡가 수십 칸인데, 그 가운데 석비가 마치 파를 심어 놓은 밭처럼 줄을 서 있다. 모두 13경의 정문正文을 새겨 놓은 것으로 건륭 때 세운 것이니, 또한 천하의 큰

볼거리이다. 그중에 하나는 건륭 어제문 수십 백 편을 새겨 놓은 것이다. 벽옹의 북쪽 대 위에는 일영당日影堂이 있다. 그 뒤편 각문角門에 '경일지문敬一之門'이라는 편액이 걸려 있고, 문의 안쪽에 커다란 전각殿閣이 있으니 편액에 '경일정敬一亭'이라고 쓰여 있다. 뜰에는 명나라 때 세운 어서御書 사물잠비四勿箴碑와 심잠비心箴碑가 있다. 건륭 어제비에서 "이륜당 앞의 늙은 홰나무(彝倫堂前老槐)"라고 한 것은, 원나라 허형許衡이 심은 것으로 죽었다가 다시 살아났다고 한다. 원래는 석대石臺 위에 돌담을 둘러싸고 있었는데, 지금은 이미 말라 버렸다. 벽옹 앞에는 패루처럼 생긴 삼홍문三虹門이 있는데, 안쪽 편액에 '학해절관學海節觀'이라 쓰여 있고, 바깥에는 '환교교택圜橋敎澤'이라 쓰여 있다. 왼쪽에는 고루鼓樓가 있고 오른쪽에는 종루鍾樓가 있는데, 두 누각의 비석은 모두 청나라 황제의 어제이다.[42]

대명 사행에서는 일반적으로 국자감을 관광하고 나서 문승상사를 찾아갔으나, 대청 사행에서는 국자감과 함께 옹화궁雍和宮을 관광했다. 옹화궁은 본래 옹정제雍正帝가 황제의 자리에 오르기 전에 살던 집으로, 1694년 강희제가 넷째 아들 옹친왕雍親

王 윤진胤禛(후에 옹정제)에게 하사하여 옹친왕부雍親王府라 했다가 옹정제가 즉위하고 나서 1725년 중수하여 행궁으로 삼고 옹화궁이라 이름했다. 1744년 건륭제가 라마교 사찰로 바꾸고 라마교 승려를 거주하도록 했다.

영우전永佑殿·원보전圓寶殿을 지나 또 후문을 따라 들어갔다. 바라보니, 3층 누각은 '만복각萬福閣'이라 편액을 달았는데 하늘에 곧장 솟아 있었다. 전우에 들어가서 보니, 큰 불상 하나가 가운데 서서 넓적다리 아래만 보이니 크기가 3장 남짓이었다. 가까이 가서 올려다보니, 누각은 3층으로 가운데는 모두 비어 바로 불상 정수리까지 통하고 곧장 상층까지 뚫려 있었지만 위쪽은 자세히 보이지 않았다. 옆 사다리를 따라 오르니, 깊은 밤처럼 어두컴컴하였다. 난간을 잡고 발을 끌며 오르니, 사다리가 다하자 가로닫이창이 있었다. 또 남쪽으로 도는 사다리가 있는데, 어두컴컴한 곳으로 통하였다. 사다리가 끝난 곳은 바로 누각의 가운데 층이었다. 보니, 불상의 가슴과 허리 아래는 사방으로 빙 둘러 난간을 설치하였다. 난간을 따라가니, 동서에 모두 사다리가 있는데 또한 모두 어두컴컴하였다. 사다리가 다하자 또 창이 있고, 또 북쪽으로 꺾어지는 사다리가 있었다. 사다리가 다하자 비로소 상층이 되었다. 비로소 부처의 얼굴을 보니, 길이가 1장 남짓이었다. 난간을 의지하여 전체를 내려다보자, 눈이 아찔하고 정신이 혼미하였다. 손에는 일산日傘을 들고 있는데, 일산의 장대 길이가 또한 부처의 정수리 높이를 넘었다. 옆문을 통해서 성 안을 내려다보니, 여염閭閻과 누각이 온통 가득하여 작은 빈틈도 없었다. 속으로 생각해 보니, 발꿈치가 땅에서 떨어진 거리가 몇십 길이나 높은지 알 수 없었다. 마음과 눈이 놀라고 두려워 오래 머무를 수 없었다. 동서에 탑루塔樓가 있고, 가운데 복도를 설치하여 다리처럼 허공을 가로질렀다. 복도를 지나 탑 아래 이르니, 탑은 오층 육면으로 면마다 불상을 새겼다. 힘을 주어 당기자 방아磨碓처럼 빙글빙글 돌았다. 사다리를 따라 내려오니, 누각의 옆쪽 벽에는 작은 불상을 안치하였는데, 거의 천을 헤아릴 정도였다. 뜰 가운데로 나와 고개를 돌려 올려다보니, '발이 평지를 밟고 보고서는 비로소 근심하네(足踏平地看始愁)'라고 말할 만하였다. 좌우의 여러 누각은 두루 구경할 수가 없었다. 절에 있는 몽골 승려가 지키고 보호하여, 강희·건륭의 영정影

幀을 구경하려고 여러 번 요청하였는데, 주지승은 칙명이 있어야 열 수 있고 그렇지 않으면 열 수 없다고 말하였다. [43]

1836년 동지 사행에 참여한 임백연은 옹화궁에 가서 만복각萬福閣이라는 3층 누각에 올라 북경 시내를 내려다 보았다. 만복각에는 높이 18m에 달하는 미륵불상이 있는데 조선 지식인들은 사다리를 타고 불상의 머리까지 올라가면서 그 거대한 규모를 실감했다. 박지원은 만복각 꼭대기에서 "난간을 한 바퀴 빙 돌고 보니 가슴이 답답해지고 아래를 내려다보니 다리가 벌벌 떨려 오래 서 있지 못했다"고 했으니 만복각이 얼마나 높고 험했는지 짐작하게 한다. 조선 지식인들은 옹화궁의 장엄하고 화려함에 감탄하며 천하의 기교를 다 모아 놓은 것 같다고 평하기도 했다.

옹화궁을 관광하고 난 다음 조선 지식인들이 발길을 옮긴 곳은 문승상사이다. 문승상은 남송南宋의 충신 문천상文天祥을 말한다. 그의 호인 '문산文山'을 따서 문승상사를 문산묘文山廟라고도 불렀다. 문천상은 원나라의 침입에 대항하다가 사로잡혀 포로가 되었으나 원 세조(쿠빌라이 칸)의 회유에도 굴하지 않고 죽음으로 절의를 지킨 인물이다. 조선에서는 왕조에 대한 문천상의 충절을 높이 칭송했는데, 특히 중국이 명 왕조에서 청 왕조로 바뀐 이후 조선 지식인들은 문천상의 사당에 가서 숭명배청 의식을 숨김없이 드러냈다. 1778년 사은 정사로 북경에 간 채제공蔡濟恭은 문승상사에 가서 "중국의 멸망을 고금이 슬퍼하는데/ 문승상 사당에는 초목만 황량하네. 오직 해마다 동국의 사신이 와서/ 유상을 배알하고 한번 분향하네(中州淪沒古今傷, 文相祠堂草木荒. 惟有年年東國使, 拜瞻遺像一焚香)"라고 읊었다.[44] 청대에 문승상사는 먼지와 흙이 뒤덮인 채 채 방치되어 있어 조선 지식인들은 퇴락한 사당의 모습을 몹시 개탄스러워했다. 홍대용은 문천상의 소상이 부스러져 있고 건물과 처마가 허물어진 것을 보고서 너무나 슬픈 나머지 자신이 가지고 있던 은 백여 냥을 주어 수리를 부탁하려 했으나 성사하지 못하기도 했다.

조선 지식인들은 문천상의 절의를 되새기며 그 의미를 다채롭게 논했다.[45] 그 중 대표적인 작품이 박지원의 「문승상사당기 文丞相祠堂記」이다. 「문승상사당기」는 1861년 열하문안사의 부사로 북경에 간 박지원의 손자 박규수朴珪壽에 의해 청조 문사들에게도 알려진 명문장이다.[46] 문천상의 충절은 조선 지식인과 한족 지식인들이 공감대를 형성하는 매개가 되기도 했다. 이 글에서 박지원은 문천상의 순절을 찬미하며 문천상이 죽음에 이르게 된 원인을 원 세조가 문천상을 자신의 신하로 삼으려 한 데

서 찾았다. 다소 길지만 주요 내용을 감상해 본다.

문승상文丞相의 사당을 참배하러 갔다. 사당은 시시柴市
에 있으니, 곧 선생이 절의를 세운 곳이다. 동네 이름
은 교충방敎忠坊이다. 원대에는 선비 복색으로 소상塑像
을 만들었더니, 명 정통正統 13년(1448)에 순천부윤順天
府尹 왕현王賢이 임금에게 여쭈어 송대 승상의 복장으로
고쳤고, 제사를 올리는 영락 6년(1408)에 처음으로 하
였으며, 매년 봄가을 중삭仲朔에 황제가 순천부윤을 보
내어 제사를 차리는데, 술이 세 종류요, 과실이 다섯 종
류, 비단이 한 필, 양이 한 마리, 돼지가 한 마리였다.
나는 두 번 절하고 물러나면서 '후유' 하고 한숨을 쉬고
는 탄식하여 말했다.
"천고에 흥하고 망하는 판에는 하늘 뜻을 단연코 알 수
있는 것이다. 그것들이 요망스러운 재앙과 상서로운
경사로 나타날 때에는 이를 반드시 쫓기도 하고, 알뜰
하게 힘써 붙들기도 하여 비록 부녀자와 어린아이라도
하늘의 뜻이 있다는 것을 뻔히 볼 수 있을 것이다. 그러
나 충신이나 의사들이란 한갓 단신으로 하늘에 버티다
시피 하고 보니, 이 어찌 억지 놀음이 아니며 또 어려운

일이 아닐까 보냐. 천하를 얻을 수 있는 위엄과 무력이라도 한낱 지사의 절개를 꺾지는 못한다. 지사 한 사람이 버티는 절개는 백만 명의 군대보다도 강한 것이요, 만대를 통하는 떳떳한 도덕 규범은 일시에 한 나라를 차지하는 것보다도 더 소중할 것이니, 이 역시 천도天道로 볼 수 있을 것이다. 만약에 나라를 일으켜 융성하게 한 임금이 충분한 자신을 가지고 천자의 지위를 얻었다면, 이는 하늘이 명한 것이라 하든가, 그렇지 않으면 자신의 힘으로 얻었다고 보아야 할 것이다. 또 하늘이 이미 천자의 지위를 명하였고 자신의 힘을 들이지 않았다면, 역시 자신으로써 천하의 책임을 맡게 한 것이든가, 그렇지 않으면 천하로써 자신에게 이롭게 하려는 데에 지나지 않을 것이다. 하늘이 이미 자신으로써 천하에 이익을 주고자 할진대, 천하에 이익을 주는 방법은 역시 어떤 원칙이 있을 것이니, 그것은 곧 자신이 하늘의 명령을 받들어 도탄 속에 빠진 백성들을 구해 낼 따름일 것이다. (중략)

무릇 자기 힘으로써 굴복시킬 수 없는 자는 모두 자기의 강적일 것이므로, 언제나 그들이 정의의 군대를 규합하고 옛날의 것을 회복할 것을 두려워하여 천하를 차지한 자는 차라리 그 사람을 죽여 후환을 없애는 것 만 같지 못하다고 생각했던 것이다. 이와 같은 그 사람 이란 역시 자신이 한 번 죽음으로써 천하에 대의를 밝 히고자 하고 있는 것인즉, 여기서 '그 사람'이란 천하 의 부형이라 할 수 있을 것이니, 천하의 부형을 죽이고 서 어찌 그 자제들의 원수가 됨을 면할 수 있으랴. 어 허, 천하의 흥망이란 운수가 없지 않지마는 전 왕조의 유민으로 문승상 같은 분이 배출되지 않았음은 아니리 라. 그러면 당시 하늘의 명령을 받았다는 임금으로서 이 같은 그 사람을 어떻게 대처해야 될 것인가를 묻는 다면, 나는 그를 백성으로 대하되 신하로 삼지 말고, 존 경은 하되 직위는 주지 말며, 봉작도 조회도 하지 않는 반열에 둘 뿐이라고 일러 주리라. 그러면 원 세조元世祖 홀필렬忽必烈로서 할 일은 친히 문승상의 사관을 찾아 들어 손수 그가 쓴 칼을 벗기고 동으로 향하여 절을 하 면서 오랑캐를 중화로 변화시키는 방도를 묻고 천하의 백성들과 함께 그를 스승으로 섬김이니, 이 역시 옛날 임금들의 아름다운 법도일 것이다."[47]

그림 7 문승상사

문 안으로 들어가면 관복을 갖춘 문천상을 새긴 비석과 문천상의 소상을 모신 사당이 있다

② 서쪽 지역: 역대제왕묘, 묘응사, 광제사

　내성의 서쪽 지역은 지금의 북경시 서성구西城區 일대이다. 명의 장수 원숭환袁崇煥이 후금(청)과 내통했다는 누명을 쓰고 참형을 당한 장소로 알려진 서사패루西四牌樓 터에서 부성문 방향으로 가다 보면 광제사, 묘응사, 역대제왕묘가 100여 미터 간격으로 나란히 있어 한 번에 관광할 수 있다. 역대제왕묘는 1531년 완성된 이후 대명 사행 때부터 조선 사절단이 방문하기 시작해 그 변천사가 사행 기록에 고스란히 전한다.

　이의봉의 『북원록』에는, 1760년 동지 정사 홍계희洪啓禧가 역관 변헌邊憲을 보내어 역대제왕묘의 모습을 그려 오도록 하여 변헌이 《배향도配享圖》 인본印本 3장을 얻어 와서 세 사신에게 주었다는 기록이 있다. 이의봉은 그림을 통해 삼황오제부터 요, 금, 원, 명의 황제 165인의 나무 위패가 역대제왕묘에 모셔져 있고, 좌우로는 열조列朝의 명신 80인이 배열되어 있음을 알게 되었다. 1828년 동지 사행에 참여한 박사호朴思浩는 「역대제왕묘기歷代帝王廟記」에 중국의 역대 주요 왕과 신하의 명단을 일일이 기록하면서 임진왜란 때 조선에 원군援軍을 파견한 신종황제神宗皇帝가 모셔져 있지 않음을 한탄하고 청에 대한 반감을 숨기지 않았다.

역대제왕묘가 부성문阜城門 안에 있다. 그 바깥문 편액에 '제왕묘帝王廟'라 씌어 있고 그 안쪽 문을 경덕문景德門이라고 부른다. 정전正殿은 무릇 2층인데, 모두 누런 기와로 덮었다. 편액이 위층에 있는데, '경덕숭성지전景德崇聖之殿'이라 하였고, 전각 안에 일곱 감실을 만들었다. 첫째 감실은 한가운데에 있는데 복희伏羲, 신농神農, 헌원軒轅 세 황제의 위판을 모셨고, 왼쪽 둘째 감실에는 5제五帝를 모셨으며, 오른쪽 셋째 감실에는 하후씨夏后氏 이하 14세, 상商 탕왕湯王 이하 26세를 모시었고, 왼쪽 넷째 감실에는 주周 무왕武王 이하 32왕을 모시었으며, 오른쪽 다섯째 감실에는 한고조漢高祖 이하 10세, 광무제光武帝 이하 8세 및 소열제昭烈帝 유비, 진晉나라의 원제元帝 이하 7세, 송나라의 문제文帝 이하 3세 및 제齊나라의 무제武帝와 위魏나라의 무제 이하 8세, 진陳나라의 문제文帝, 선제宣帝를 모시었고, 왼쪽 여섯째 감실에는 당나라의 고조高祖 이하 16세 및 후당後唐의 명종明宗, 후주後周의 세종世宗, 송나라의 태조 이하 14세, 요遼의 태조 이하 6세를 모시었으며, 오른쪽 일곱째 감실에는 금金나라의 태조 이하 6세, 원나라 태조 이하 11세, 명나라 태조 이하 13세를 모시었으며, 주나라의 유왕幽王과 여왕厲王, 한漢나라의 평제

平帝·환제桓帝·영제靈帝, 진晉나라의 혜제惠帝 및 이 밖의
망국했거나 시해된 임금은 다 여기에 참여하지 못하였
는데, 명나라의 신종 황제神宗皇帝도 같이 모시지 못하
였으니, 이것은 청인淸人이 원한을 갚으려는 계략에 말
미암은 것 같아서 매우 통탄스러운 일이라 하겠다.[48]

그림 8 역대제왕묘
삼황오제부터 청대까지 역대 왕들과 명신들의 위패가 모셔져 있다

역대제왕묘의 동쪽에 묘응사가 있다. 묘응사는 경화도의 영안사와 함께 북경에서 백탑이 있는 두 곳의 사찰 중 하나로 북경에 현존하는 가장 오래된 사찰이다. 원나라 때 석가모니의 사리탑이 있던 터에 백탑을 만들었으며, 1288년 만안사萬安寺를 세워 황실의 종교 활동과 백관의 의례 연습을 거행하고 몽한蒙漢 불경과 서적을 간행하는 장소로 삼았다. 1368년 불에 타 훼손된 만안사를 1457년 천순제天順帝가 중건하고 묘응사妙應寺로 개칭했다. 지금도 '백탑사'라는 별칭으로 불린다. 백탑의 터를 친히 조사한 이가 원 세조 쿠빌라이 칸이라고 전하는데 그 사실을 박사호의 「묘응사기妙應寺記」에서 확인할 수 있다.

묘응사는 제왕묘 서북쪽에 있다. 벽돌로 삼원문三圓門을 만들고 편액에 '칙건묘응선림勅建妙應禪林'이라 하였고 본전에는 큰 금부처 3좌를 모시었는데, 손에는 오옥바리(烏玉椀)를 받들고 있다. 좌우에는 오백나한五百羅漢의 상이 있고 편액에 '의주심경意珠心鏡'이라 하였고, 후전後殿의 편액에는 '칠불보전七佛寶殿'이라 했다. 뜰에는 철층각鐵層閣이 있고 그 위에 향로를 받들었는데, 그것은 만력萬曆 연간에 주조한 것이다. 뒷문으로 층층다리를 올라가면 백탑이 층층다리 위에 있는데, 탑신이 높다란 것이 그 높이가 두서너 장丈이나 되고, 둘레가 대략 스무 장이 되며 모가 나는 것이 집의 모서리의 모가 나는 것 모양으로 쌓아 올려져 3층으로 되었는데, 한 층마다 탑신塔神을 안치하고 모두 쇠 떠를 둘렀다. 그 둥근 모양이 독을 엎어 놓은 것과 같은데, 꼭 70아름이 된다. 맨 위층은 아래층에 비하여 점점 끝이 빨았는데 조각한 청동으로 빙 둘러 늘어뜨린 것이 일산을 편 모양 같으며, 거기에 수없이 많은 풍경을 달아 놓아, 바람을 받으면 곧 쟁그랑쟁그랑 소리가 난다.

탑을 둘러싸고 여장女墻을 쌓아 난간처럼 만들고, 밝은 등 189좌를 만들어 담장의 언저리를 둘러싸고 있는데, 그것들은 다 쇠로 감실을 만들고 사면에 돌비늘(石鱗)을 붙였다. 건륭 계유년에 만들어 낸 것이며, 이곳에 불을 켜는 예는 옛날부터 이미 있었다고 한다. 대개 요동遼東의 백탑과 서로 백중하여, 그 높이는 비록 요동 것보다 못하나 웅장 화려함은 천하제일이라고 하여도 지나친 것이 아니다. 또 수십 그루의 꽃나무를 상층, 중층에 심어 놓았는데, 꽃 필 때가 되면 더한층 훌륭한 광경이 될 것이다. 예부터 일컫기를, "이 탑 속에 여래如來의 사리舍利를 안치하였는데, 원 세조(쿠빌라이 칸)가 탑을 열고 보았더니 맑은 물이 가득히 괴어 있어 사리가 물 가운데 떠 있었으며, 두 마리의 용이 또한 그 곁에 떠서 사리를 지키고 있었다" 한다. 탑문 밑의 벽을 파고 부처에게 공양하는 여러 가지 모습을 만들어 놓고 장명등長明燈을 달았는데, 켜 놓은 불은 꺼지는 일이 없다. 그 앞에 쇠솥이 있는데 솥 거죽에 약간의 글자를 새겼으니, 곧 가정嘉靖 연간에 주조한 것이다. 승려들이 거처하는 곳에도 또한 정묘한 기물들이 많고, 또 불상, 신감神龕도 각각 신묘하기 그지없으며, 승려들은 모두 라마인이다. 세상에 전하기를, '원나라 승상 야율초재耶律楚材의 호는 만송노인萬松老人이며, 문장과 정승의 업적이 원나라 조정에서 으뜸이었는데, 이 탑을 세웠다'라고 한다.[49]

묘응사의 동쪽에는 또 광제사가 있다. 광제사는 일찍이 고려 말기의 대학자 목은牧隱 이색李穡이 방문했을 만큼[50] 조선에서도 유서 깊은 관광 공간이었다. 이색은 광제사에서 승려들과 교제하고 연꽃을 감상하며 시를 읊었다. 특히 조선 후기 문인들은 광제사에 있던 철수鐵樹를 주목했다. 1822년 사은 사행에 참여한 권복인權復仁은 철수를 구경하러 광제사에 갔다가 "광제사는 서사패루西四牌樓 길가에 있는데, 뜰과 건물이 황폐하고 적막하다. 서

그림 9 묘응사 대각보전大覺寶殿과 백탑의 모습

쪽 담 아래에 옛날부터 철수 한 그루가 있었으나 작년에 비바람에 뽑혀 나갔다. 옆에 작은 비를 세워서 그 사적을 기록했다"라 하였고, 박사호의 「광제사기廣濟寺記」에는 "광제사 절문 편액에 묘명원통妙明圓通이라 하였으며, 본전에는 큰 금부처를 안치하였고, 후전後殿의 편액에는 대장경각大藏經閣이라 하였다. 서쪽 협문夾門 밖에 한 나무가 있는데 이름을 철수鐵樹라 한다. 300년 동안 가지를 뻗었는데 아직도 싱싱하고 나긋나긋하여 늙고 큰 나무라는 생각이 들지 않으니 또한 이상한 종류의 나무다"라고 하였으며, 김경선은 「광제사기廣濟寺記」에서 "광제사 서전西殿 서협문西夾門 밖에 한 그루 나무가 있어 이름을 철수라고 하는데 400년 묵은 고목이다. 높이는 한 길 남짓하고 가지와 잎이 무성하며 색깔과 결이 쇠와 같다. 매년 꽃이 피면 한 달이 넘어도 시들지 않는데, 근래에는 나무가 이미 말라 죽어 다시 꽃이 피지 않는다고 한다"라고 하여 공통적으로 철수라는 나무를 특기했다.

광제사는 금대에 창건된 사찰로 원래 이름은 서류촌사西劉村寺이고 원대에 보은홍제사報恩洪濟寺로 개칭했다. 원 말기에 전쟁으로 소실되었다가 명 천순天順 연간에 승려 보혜상인普慧上人이 발원하여 절을 복구하고 1466년 성화제成化帝가 '홍자광제사弘慈廣濟寺'라는 이름을 내려 주었다. 청대에 순치제, 강희제, 건륭제가 광제사에 행차하여 시문을 남길 만큼 이름난 사찰이었으며,

절 옆의 만송노인탑萬松老人塔이 유명하다. 현재 광제사는 중국 불교협회 사무처로 사용되어 인산인해를 이루고 있다.

③ 서양 문물을 접하다: 천주당, 관상대, 아라사관

북경에서 조선 사절단은 중화 문물의 유산을 세밀하게 관광하는 한편으로 서양의 새로운 문물과 접촉할 수 있었다. 대청 사행에서 관광한 천주당, 관상감, 아라사관이 바로 서양 문물을 접한 대표적인 장소이다.

북경에는 동당東堂, 서당西堂, 남당南堂, 북당北堂 네 곳의 천주당이 있었다. 동당은 1655년 예수회 선교사가 세운 교당으로 남당과 함께 조선 사절단이 자주 찾았던 천주당이다. 현재 북경시 동성구 왕부정대가王府井大街에 있다. 서당은 1723년 북경시 서성구 서직문 안에 예수회 선교사가 세운 교당으로 조선 사절단이 방문한 기록은 확인되지 않는다. 남당은 1605년 마테오리치(이마두利瑪竇)가 북경시 선무구 선무문 안에 세우고 1650년 독일 선교사 아담 샬(Adam Schall, 탕약망湯若望)이 중건한 교당으로, 조선 사절단의 숙소인 옥하관과 가까운 거리에 있어 조선 지식인들이 가장 많이 방문한 천주당이다. 북당은 1703년 프랑스 예수회 선교사가 세운 교당으로 현재 북경시 서성구 서십고

그림 10 왕부정王府井 거리에 있는 천주교 동당(동천주당)

대가西什庫大街에 있다. 북당은 1783년 동지사 서장관으로 임명된 아버지 이동욱李東郁을 수행하여 북경에 간 이승훈李承薰이 조선 최초로 천주교 세례를 받은 역사적인 장소이다.

조선에서 천주당을 가장 빈번하게 드나든 인물은 이기지로 파악된다.[51] 이기지는 1720년 숙종의 승하를 알리는 고부사 정사로 임명된 아버지 이이명李頤命의 자제군관으로 중국에 갔는데, 2개월가량을 북경에 머무르며 동당, 남당, 북당 세 천주당을 총 8차례 방문했다. 지금까지 확인한바 이기지는 남당을 둘러본 유일한 인물이다. 이기지는 남당에서 포르투갈 선교사 소림蘇霖(Joseph Suarez)과 맥대성麥大成(Jean-Francois Cardoso), 벨기에 선교사 장안다張安多(Antoin de Magalhaens), 독일 출신 선교사 대진현戴進賢(Ignatius Kogler)을 만났으며, 동당에서 오스트리아 선교사 비은費隱(Xavier Ehrenbert Fridelli) 등과, 북당에서 프랑스 선교사 백진白晉(Joachium Bouvet), 은홍서殷弘緒(Francois Xavier d'Entrecolles) 등과 만나 필담을 나누었다. 또 만나기를 희망하며 북경 현지에서 서신을 주고받던 프랑스 선교사 두덕미杜德美(Pierre Jartoux)의 부고를 급작스레 접하고는 조문하는 글을 지어 보내기도 했다. 이기지는 서양 선교사들과 인연을 "하늘이 베푼 인연(天緣)"으로 여기며 그들과 동서양 역법의 차이, 천체 관측 기구 제작법, 일식과 월식의 원리, 천체의 운행 등에 관해 토론했다. 아울러 서양서와 서양화, 천문 관련 서적, 지구도, 혼천의, 자명종 등을 선물로 받고 와인과 카스테라를 맛보기도 했다.

이기지의 천주당 체험은 이후 홍대용과 박지원 등의 북경 관광에도 영향을 주었다. 특히 젊은 시절부터 수학과 천문학에 관심이 많았던 홍대용은 북경에서 남당과 동당을 4차례 방문해 당시 흠천감 정欽天監正 유송령 및 독일 선교사로 흠천감 부정副正을 맡은 포우관과 교제했다. 홍대용의 전언에 따르면 강희 연간 이후로 조선 사신이 천주당에 가서 구경하기를 청하면 서양 사람들이 기꺼이 맞아들여 서양의 기구들을 보여 주고 진기한 물품을 선물로 주었는데, 조선 사람들이 점차 예의를 갖추지 않고 천주당에서 담배를 피우거나 기물을 더럽히자 조선 사신의 관람을 거절하게 되었다고 한다. 이러한 분위기 속에 홍대용은 조선의 관상감觀象監에서 파견한 이덕성李德成이라는 일관日官을 데리고 가 여러 차례 만남을 요청한 끝에 유송령과 포우관을 만날 수 있었다.

홍대용은 자신의 고향 집에 농수각籠水閣이란 천체 관측소를 짓고 혼천의를 제작한바, 유송령과 포우관을 통해 혼천의, 자명종, 파이프오르간, 서양화 등을 구경하고 천체망원경으로 태양의 모습을 관찰하는 경험을 했다. 여기에 그치지 않고 홍대용은 관상대 진입을 시도한 끝에 마침내 성공하여, 청대에 제작한 천체의天體儀·적도의赤道儀·황도의黃道儀·지평경의地平經儀·지평위의地平緯儀·기한의紀限儀 등을 목도했다. 관상대는 1443년 관성대觀星臺라는 이름으로 설치되었다가 청대에 그 이름을 관상대로 고쳤다. 현재 북경시 동성구 건국문建國門 역 인근에 '고관상대古觀象臺'란 명칭으로 보존되어 있다. 아래 홍대용의 기록은 당시 북경에서 관상대를 관광하는 일이 얼마나 어려웠는지를 잘 보여 준다.

관상대는 성 동남 모퉁이에 있다. 흠천감欽天監의 관할 아래 있으며, 의기儀器들로 천체를 관찰하는 곳이다. 관상대는 유송령劉松齡이 일찍이 말하기를, "황상의 금지구역으로 사람이 가까이 할 수 없다"라 했고, 역관들 역시, "연전에 우리나라 사람이 감관監官에게 뇌물을 주고 올라가 구경을 하고 왔는데, 그 뒤 일이 발각이 나서 파면을 당한 일이 있어 그 뒤로 사람을 금하는 것이 더욱 엄해졌다"라 했다. 들리는 말에 의하면, "성에 오르면 사형에 처한다는 법률이 있다"라 하였는데, 관상대는 성을 의지하고 있어 자금성을 엿볼 수가 있고 또 위에 있는 의기들이 대부분 임금이 만든 것으로 국가의 귀중한 그릇들이므로 사람을 함부로 들여보내지 않는 것이 마땅하다.
3월 귀국할 때 길을 돌아 대 밑으로 갔다. 아침 해가 막

떠오르는데 멀리 10여 개의 의기가 돌난간 안으로 주욱 벌여 있는 걸 바라보니 이상한 모양과 제도들이 기이한 빛들을 반사하고 있었다. 곧장 훌쩍 날아오르고 싶었지만 도리가 없다. 대 위에서 한 사람이 난간을 의지하고 굽어보기에 나는 말을 세워 쳐다보며 이야기를 걸고 고개를 숙여 경의를 표한 다음 한번 보여 달라고 했다. 그는 고개를 저었고, 손바닥을 펴서 목을 그어 보이며, "올라올 수 없다. 죄가 사형이다"라 했다. 대 아래 공청이 있었는데 문이며 담이 몹시 깊고 높다. 흠천감의 분사分司인 듯싶다. 나는 말에서 내려 문지기를 보고 읍을 하며 들어가기를 청했다. 그의 말이, "사司는 금지구역이라 들어올 수 없지만, 다만 지금은 이른 아침이라 상관이 오지 않았으니 잠시 들어오되 오래는 있을 수 없다"라 했다. 나는 고맙다고 인사하고 들어갔다.

청사 서쪽으로 두어 자 높이 평대平臺가 있었는데 사방이 각각 수십 보쯤 되어 보였다. 동쪽으로 혼천의渾天儀와 혼상渾象이 있고, 서쪽으로 간의簡儀가 있었는데 모두 청동으로 만들었다. 하나의 크기가 대여섯 뼘쯤 되고 둘레로 돌난간을 세워 두었다. 간의의 제작은 매우 복잡해서 창졸간에 제대로 다 살펴볼 수가 없었고, 혼천의만은 송대 제도로서 『서경집전書經集傳』에 실려 있는 그대로였다. 명 정통 연간에 만든 것으로 비록 버려두고 쓰지는 않지만, 쌍고리와 수평·수직·직선 거리 등 여러 가지 방법만은 대조해 볼 수 있었다. 북쪽에 구리궤(銅櫃)가 있는데 기계 돌리는 물을 담아 두는 것인 듯싶지만, 산실散失되어 잘 알 수가 없었다. 대 위에 있는 모든 기계는 다 강희 이후에 만든 것들로 육의六儀가 있었는데, 천체의 天體儀·적도의赤道儀·황도의黃道儀·지평경의地平經儀·지평위의地平緯儀·기한의紀限儀 등이었다. 모두 서양법이 동쪽으로 건너온 뒤에 생긴 것으로, 곽수경郭守敬의 옛 제도에 비해 훨씬 정밀하게 되어 있다. 최근 육의의 번거로움을 피해 새로 하나로서 여섯 가지를 겸해 쓸 수 있도록 만들었는데, 기계가 너무 복잡해서 역시 육의를 각각 쓰는 것만큼 간편하질 못하다고 한다. 문지기가 빨리 나가라고 하는 통에 정신없이 나와 버렸다.[52]

이처럼 천주당에서는 조선 지식인들이 서양의 과학 기술을 더욱 깊이 이해하고 세계 지리에 대한 인식을 확장해 갔다. 그러나 1801년 신유박해가 일어난 뒤로 조선 사절단이 북경에서 천주당을 방문하는 일은 엄격하게 금지되었다. 그럼에도 조선

그림 11 밖에서 올려다본 관상대의 모습과 천체 관측 기구들

지식인들은 아라사관俄羅斯館에서 러시아인과 접촉해 서양 문물 체험을 이어갔다. 아라사관은 러시아정교회 소속 선교사와 유학생, 외교관 등이 머물던 숙소이다. 청과 러시아는 책봉 체제에 놓인 관계는 아니었으나 1689년 네르친스크 조약을 맺고 국경을 확정지은 후 러시아가 청에 정기적으로 사절단과 상인을 파견했으며, 1727년 캬흐타 조약을 체결하면서는 러시아정교회 선교사와 학생을 북경에 상주시키고 대략 10년에 한 번씩 인원을 교체했다.

> 아라사관은 동강미항東江米巷 중산의 옥하교玉河橋 서쪽에 있다. 옛날에 조선관이었는데, 지금은 아라사(러시아) 사람들이 거처하는 곳이 되었다. (중략) 비록 중국의 정삭正朔을 받들지 않으며 공물도 바치지 않지만, 중국의 문자를 익혀서 몇 년의 기한을 두고 교대로 자제들을 중국에 보낸다. 관소를 설치하여 거처하고 스승을 두어 가르치며 그들에게 식량을 제공한다. 현재 관소에 거주하는 자는 6-7명으로, 거처하는 건물은 서양의 그것처럼 화려하고 사치하다. 또한 하나의 신을 모신 당堂이 있는데 세 개의 문은 매우 커다랗고, 건물 안은 매우 높으면서도 깊숙하다. 위층은 둥그런 문을 밖으

로 냈는데, 모두 유리를 대고 그물로 묶었다. 벽은 벽돌을 쌓아 저절로 돌무늬가 만들어졌으니, 천주天主를 받드는 곳과 비슷하다. 상자 하나에는 모자와 옷을 담아 놓았는데, 복식 제도는 가사袈裟와 비슷하고 관冠의 제도는 당모唐帽와 비슷한데 모두 금실로 수를 놓아 만들었으니, 아라사의 제도가 본래 그렇다.[53]

19세기 조선 지식인들은 아라사관을 방문하여 천주상과 벽화를 관찰하기도 하고 러시아정교단의 일원들과 대화를 나누기도 했다. 1826년 동지 사행에 참여한 홍석모洪錫謨는 아라사관에서 제10대 러시아정교회 전도단장 파벨 이바노비치 카멘스키(Pavel Kamensky)와 필담을 나누었는데, 우랄산맥, 볼가강, 도나우강 등 러시아의 주요 산과 강의 정보와 더불어 당시 로마노프 왕조 제14대 황제 니콜라이 1세가 제위에 오른 지 2년이 된 사실까지 언급했다. 대부분의 조선 지식인들은 러시아인을 '야만스러운 오랑캐'라고 여겼으나 홍경모는 러시아인의 인심이 온화하다고 말하기까지 했다. 아라사관 관광이 러시아에 대한 조선 사절단의 인식 변화에 일정한 영향을 주었음을 알 수 있다.

게다가 몇몇 조선 지식인들은 러시아 선교사와 시문을 주고받으며 우정을 나누기도 했다. 비교적 잘 알려진 사례가 1815년 동지 사행에 참여한 조인영趙寅永과 제9차 러시아정교회 전도단장 니키타 야코프레비치 비추린(Nikita Yakovlevich Bichurin, 비구림比丘林)의 교유이다. 조인영은 동지 부사 조종영趙鐘永의 자제군관으로 북경에 갔는데, 러시아 동방학연구소에 보관된 문건에 조인영이 비추린에게 준 시가 적혀 있다고 한다. 조인영의 문집인 『운석유고雲石遺稿』에는 수록되어 있지 않은데, 그 시에서 조인영은 비추린과의 교감을 소중히 여기는 마음을 드러내며 작별하게 된 아쉬움을 토로했다.[54] 조인영은 1839년 기유박해를 주도하고 「척사윤음斥邪綸音」을 지어 천주교를 배척하기도 하였지만, 이러한 태도를 지니기 이전에는 러시아인과 적극적으로 교제한 사실이 확인되므로 서양 문물에 대한 개방적인 태도를 엿볼 수 있다.

비추린은 1807년부터 1821년까지 북경에 머물렀는데, 러시아로 돌아가기 직전 도광제道光帝의 등극을 축하하기 위해 파견된 조선의 진하 사절단과 만났다. 다음은 정사 이조원李肇源이 북경에서 사귄 벗들을 회상하면서 지은 시편들 가운데 실린 〈화아경和雅敬〉이란 제목의 시이다.

奇遇鄂羅人   기이한 인연으로 러시아인을 만나
重譯有聽瑩   거듭 통역해도 알아듣기 어려웠네.

其意頗懃懇	그 마음이 매우 은근하여
寶刀每相贈	보배로운 검을 벗어 주었네.[55]

첫 구의 '러시아인(鄂羅人)'이라는 말에서 '화아경'이 러시아 사람을 가리킴을 알 수 있다. 화아경은 바로 비추린의 그리스식 수사명 히아신스(Hyacinth)를 한역漢譯한 표현으로 추정된다. 양측은 역관과 러시아 유학생을 통해 중국어로 대화를 나누며 언어의 장벽을 초월하여 의기투합했고 이조원에게 러시아산 장검 한 자루를 선물로 증정하기도 했다. 이조원과 비추린이 교제한 경위와 그 상세한 정황은 당시 전도단의 교체 업무를 관장하기 위해 북경에 체류 중이던 러시아 외교부 감호관 예고르 페도로비치 팀콥스키(Egor Fedorovich Timkovskiĭ)라는 인물의 기행문을 통해 소상히 파악할 수 있어 더욱 흥미롭다.[56]

북경 외성

① 남쪽 지역: 천단, 금어지, 악왕묘

천단은 북경시 동성구 영정문대가永定門大街에 있는 중국 고

대 제사 건축물로 명·청대 황제가 하늘에 제사 지내고 풍년을 기원하던 장소이다. 천단은 1420년 처음 완성되었고 1530년 이름을 '천지단天地壇'에서 '천단'으로 고쳤다.

대명 사행에서 천단은 사신에게 공인된 관광지로서 조선 사절단이 명의 관원을 대동하고 내부를 둘러볼 수 있었으나 대청 사행에서는 외부인의 출입을 엄금하여 실제로 관광할 수 있는 기회는 거의 없었던 것으로 보인다. 특히나 황제가 하늘에 제사를 올리기 위해 천단에 행차하는 날엔 아문衙門에서 조선 사람의 나들이를 단속하여 숙소 밖으로 멀리 나갈 수도 없었다. 17세기 인평대군이 천단의 관광을 '허락'받았다고 언급한 것을 보면 청대에 조선 사절단이 천단을 관광하는 일은 아주 특수한 경우였음을 알 수 있다. 실제로 1803년 동지 사행에 참여한 이해응李海應은 문지기가 막고 있다가 한참 후에 비로소 들어가기를 허락하여 천단을 볼 수 있었다고 밝혔다. 다음은 1832년 동지사 서장관 김경선이 묘사한 천단으로, 김경선 역시 직접 관광하지 못한 채 전해 들은 내용을 바탕으로 정리했다.

영정문永定門 바른길 좌우편에 단壇이 있는데, 오른쪽은 선농단이요, 왼쪽이 천단天壇이다. 담의 둘레는 10리이고, 그 모양은 굽어지고 꺾인 데가 없이 정원형이다. 서쪽을 향해 극문戟門을 설치하였는데, 문을 닫아 두고 사람의 출입을 금지한다. 들으니, 문안 남쪽 담 밑에 신악관神樂觀이 있으니, 이는 제향祭享 때 악률樂律을 익히는 곳이라 한다.

또 한 줄의 분칠한 담을 지나니 기년전祈年殿이 있다. 3층 12영楹에 청록색 기와로 지붕을 덮고 위에 금정金頂을 꽂았으며, 처마, 서까래, 기둥이 다 둥글둥글하니, 아마 둥근 하늘을 형상한 것이리라. 전殿 안에는 높은 탑상榻床 하나를 놓아두고 누런 수건으로 덮어씌웠다. 전 밖에는 옥돌 난간으로 세 겹을 둘렀는데, 평지에서부터 점차 높게 하여 계단을 만들었다. 난간 출입문 양쪽 곁에 각각 큰 검은 동화로를 놓아두었으며, 전의 사면에는 푸른 구슬 처마로 드리웠다. 그 북쪽에 황건전皇乾殿이 있는데 그 안에 기년전의 위판을 안치하였으며, 그 동쪽에 태상시사제서太常寺祠祭署가 있다. 다시 남쪽으로 두 겹문을 지나니 다 돌을 쌓아 길을 만들었는데 높이가 두 길은 됨직하다. 길이 다 끝난 곳에 황궁우皇穹宇가 있고 그 안에 천단의 신판을 안치했다.

또 그 남쪽에 원구圜邱를 만들었으니, 곧 하늘에 제사 지내는 곳이다. 담으로 둘러치고 누런 유리 기와로 덮었다. 사면에는 각각 삼가패문三架牌門이 있는데, 문은 다 이중으로 합하여 24개의 문이 된다. 원형이정元亨利貞으로 나누어 동서남북에 짝짓고서 호칭했다. 원구의 만듦새는 단을 3층으로 만들었다. 제1층 단은 너비가 100여 보, 높이가 한 길 남짓은 됨직하다. 면마다 다 푸른 유리벽돌을 깔았으며, 난간의 사면은 다 푸른 유리로 영함楹檻을 만들었다. 사방으로 나가는 섬돌은 모두 아홉 계단인데 너비는 거의 두 길이고 역시 푸른 유리벽돌을 깔았다. 그리고 제2층, 제3층 단은 너비가 다 차차 줄어들지만 제도는 서로 같다. 그 외 겹겹으로 된 전각이 이루 셀 수 없다고 한다.[57]

천단과 함께 대청 사행에서 늘 언급되는 관광지는 바로 금어지이다. 금어지는 대명 사행에서 찾아볼 수 없는 장소로 금붕어를 기르던 곳이다. 금대에 어조지魚藻池라 불리다가 명대부터 금어지라고 불렀다. 『대흥현지』에서 금어지란 장소를 처음으로 발견하고 찾아간 김창업은 "주민들이 물을 끌어들여 못을 만들고 오색 물고기를 기른다. 여름에는 놀러 오는 사람들이 술을 갖고 와서 구경한다고 한다. 옛날에는 제방을 따라 버들이 있었으나 지금은 하나도 없고, 못 둑에도 우물 벽돌을 박지 않았다.

주위에는 모두 시장판이고 온갖 더러운 것들을 갖다 버려서 볼 만한 것이 없었다"라고 하여 기대했던 풍경에 못 미친 볼품없는 모습에 실망하기도 했다. 그러나 그 후로 경관이 정비되었던지 대체로 19세기까지 조선 사절단은 이곳에서 각양각색의 금붕어가 물속에서 헤엄치며 다니는 모습을 신기하게 관찰했다.

물고기의 빛깔이 일정하지 않아서, 짙은 붉은색은 '금형金螢'이라 하고, 흰색은 '은설銀雪'이라 한다. 검은 바탕에 붉은 무늬가 있는 것과 누런 바탕에 □ 무늬가 있는 것은 '대모玳瑁'라 한다. 흰색이면서 이마가 붉은 것은 '학주鶴珠'라 하고, 붉은색이면서 등이 흰 것은 '은안銀鞍'이라 한다. 붉은 등에 흰 점이 일곱 개 있는 것은 '칠성七星'이라 하며, 흰 등에 붉은 줄이 여덟 개 있는 것은 '팔괘八卦'라 한다. 못가에 서서 먹이를 던지면, 작은 물고기가 먼저 모이고 큰 물고기가 뒤이어 와서 먹이를 다투며 삼켜대느라 천백 마리가 팔딱거리는 소리를 낸다. 물고기의 크기는 두어 척이 되는 것이 많다. 못의 물은 절반이 붉은빛이어서 아침노을과 같았다. 못가에는 먹이를 팔아 이익을 얻는 사람이 있어 밀가루로 떡을 만드는데, 껍질이 얇고 속이 비어 있어 물에 넣으면

잘 뜬다. 떡 한 바구니가 잠깐 사이에 다 없어지니, 물고기를 구경하는 사람이 많음을 알 수 있다.[58]

1822년 사은 사행에 참여한 권복인權復仁은 금붕어의 형태에 특별한 관심을 나타내며 빛깔과 무늬에 따른 명칭을 상세하게 전했다. 금어지는 금붕어에게 주는 먹이를 파는 사람까지 있을 만큼 북경 사람들이 자주 찾는 공원 같은 곳이었다. 아울러 금어지 옆에는 금붕어를 어항에 담아서 판매하는 가게도 있었다고 하는데, 1828년 박사호의 언급에 따르면 "수역首譯의 캉 안에서 유리 어항에 서너 마리를 담아 책상과 탁자 사이에 놓아둔 것을 보았는데 또한 기이한 광경이다"라고 했다. 금어지에서 역관이나 사신들이 실제로 금붕어를 구입하기도 했던 듯하다.

악왕묘는 유리창 동남쪽 수 리쯤에 있으니, 바로 악무목岳武穆, 즉 악비岳飛의 묘이다. 대문 바깥에는 목책을 죽 심어 놓았고 목책 안 왼쪽에는 무쇠로 만든 사자 한 마리가 서 있었다. 대문 안에 들어가니 비석이 하나 있는데 건륭 무자년(1768)에 세운 것이다. 비석 좌우에는 진회秦檜와 그 아내를 묶어 꿇어앉힌 석상이 있었다. 진회의 상은 가늘고도 굳세며 얼굴에 흉터가 있고 검고

성긴 수염이 뻣뻣하여 창과 같았으며 그 독하고 음흉
한 기운을 다 갖추었다. 그의 아내 또한 흉하고 모질었
다. 지나는 사람들이 그의 얼굴에 침을 뱉고 그의 등에
발길질을 하며 온갖 욕을 다 해 댄다. 중문中門은 늘 닫
혀 있어서 협문夾門을 따라 정전正殿에 들어가니, 무목
武穆의 소상塑像을 봉안하였는데, 늠름하여 나도 모르게
공경심이 일어났다. 감실龕室 위의 편액扁額에는, '칙봉
속보사勅封速報司'라 씌어 있고, 감실 좌우의 주련柱聯은,
'함원이자옥 보국백년심含寃二字獄 報國百年心'이라 했다.
정전 바깥의 편액에는, '인륜지지 도광정해서人倫之至 道
光丁亥書'라 씌어 있고, 안의 편액에는, '진충보국盡忠報國'
이라 씌어 있었다. 탁자 앞에는 무쇠 화로 2개가 있는
데, 하나는 천계天啓 7년(1627)에 만든 것이고, 하나는 강
희 5년(1666)에 만든 것이었다. 뜰 가운데에는 또 큰 무
쇠 화로 하나가 있는데, 관지款識가 있으나 닳아서 알아
볼 수가 없었다. 화로 좌우에는 비석이 넷 있었다. 하
나는 숭정崇禎 3년(1630) 곽진명郭振明이 쓴 것이요, 하나
는 강희 임자년(1672)에 세운 것이요, 하나는 건륭 4년
(1739)에 세운 것이요, 하나는 건륭 5년(1740)에 유요운
劉曜雲이 찬한 것이었다. 정전 뒤에 또 전殿 하나가 있는

데, 편액에 '침궁寢宮'이라 했다. 남녀의 소상을 봉안하였는데, 곧 악왕岳王의 부모라고 한다.[59]

앞서 권복인은 자신이 북경에서 두 차례 찾아간 세 곳의 장소를 꼽았는데 금어지와 장춘사, 그리고 악왕묘이다. 악왕묘는 중국 남송南宋 초기의 명장인 악비岳飛의 위판을 모신 곳으로, 악비가 금나라를 물리친 공을 기리기 위해 세운 사당이다. 악왕묘는 문승상사와 더불어 조선 사신들이 반드시 찾는 장소 중 하나였다. 악왕묘에서 조선 지식인들은 악비의 충절을 기리는 한편, 악비를 모함하여 죽게 만든 간신 진회秦檜를 강하게 비판했다. 악왕묘에는 진회와 그의 부인이 무릎을 꿇은 채 쇠사슬에 묶여 있는 상이 세워져 있었는데, 이를 본 조선 지식인들은 어진 이를 표창하고 악한 이를 규탄하려는 의도가 담긴 청조 통치술의 일환으로 여겼다. 박사호는 「대수암야화大樹菴夜話」란 글에서 계주의 어양교漁陽橋에 놓인 당나라 안녹산安祿山과 양귀비楊貴妃의 석상과 함께 악왕묘에 놓인 진회의 소상은 역적의 죄악을 천고에 드러내어 분을 풀어주려는 의도가 담긴 조치로 보고 자신이 사행하는 동안 견문한 세 가지 통쾌한 일 중 하나라 평했다.

② 서쪽 지역: 천녕사, 백운관, 장춘사

외성 서쪽 지역은 지금의 북경시 서성구에 해당한다. 천녕사와 백운관은 하루 코스로 관광이 가능했다. 다음 두 기록은 김경선의 『연원직지』 1833년 1월 19일 자 일기에 실린 천녕사와 백운관에 대한 소개이다.

포마장에서 100여 보를 가면 천녕사天寧寺에 이른다. 규제가 자못 굉장히 화려하여 백운관에 못지않은 고찰古刹이다. 원, 위魏 때에는 광림사光林寺, 수나라 때에는 홍업사弘業寺라 이름하고, 당나라 개원開元 중에는 천왕사天王寺라 개명하고, 금나라 대정大定 21년(1181)에는 또 만안사萬安寺, 선림사禪林寺로 고쳤다. 그리고 명나라 선덕宣德 중에 중수하고 만수사萬壽寺, 계담사戒壇寺로 고쳤다가 뒤에 다시 천녕사天寧寺로 고쳤다. 대臺를 3층으로 쌓았다. 높이 5장丈에 둘레는 몇 리쯤 되고, 그 위에 낭료廊寮를 둘러 지어서 굽이지게 연달았으며, 가운데는 다섯 채의 큰 불전佛殿이 있어 정연하게 늘어서 있고, 보기寶器와 기물奇物이 매우 많았으며, 불전 앞에는 큰 탑 하나가 있는데, 요동의 백탑과 거의 같았다. 세상에서 전하기를, 수 문제隋文帝 인수仁壽 2년 정월에, 문제가 아라한阿羅漢을 만났는데, 나한이 사리 한 주머니를 주었다. 문제가 그것을 칠보함七寶函에 담아서 기주岐州, 옹주雍州 등 30주에 나눠 주자 주에서는 한 탑을 세워서 그것을 간수했다고 하는데, 천녕사의 탑이 그중 하나이다. 아래는 연화대蓮花臺를 만들었는데 높이는 두어 장쯤 되고 대 위에다 탑을 세웠다. 높이는 27장 5척 5촌이며 모두 여덟 모에 13겹 처마였다. 처마마다 방울을 달아 그 수가 104가 되는데, 바람을 따라 소리를 내어 소리가 끊어질 때가 없었다. 또 풍마동風磨銅을 가지고 상륜相輪을 만들어 탑 꼭대기에 씌웠는데, 광영光影이 멀리 비춘다. 해가 중천에 다다를 때 전문殿門을 닫으면 탑의 전체 그림자가 문틈으로 들어와 전 안에 나타난다고 하니 역시 이상하다. 절 가운데에 『화엄경』을 쓴 병풍이 있다는 말을 옛날에 들었다. 허우산許虞山이 그린 〈보탑도寶塔圖〉는 본래부터 희귀한 보물로 일컬어졌다. 그래서 그것을 보여 달라고 했더니, 스님이 처음에는 숨기다가 여러 번 간청했더니 그제야 비로소 꺼내어 뜰 가운데 펼쳐 놓는다. 병풍의 너비는 10여 척 남짓하고 길이는 너비의 갑절이었다. 가는 해자楷字로 『화엄경』

81권 60만 43자를 써서 탑도塔圖를 만들었는데, 글씨의 가늘기가 좁쌀 같고 위로 탑 꼭대기에서부터 첨릉簷楞, 풍탁風鐸에 이르기까지 형세에 따라 굴곡지되 조금도 천착된 데가 없었다. 탑신에 그려진 불상도 살아 있는 듯한 눈과 눈썹이나, 주름진 옷무늬로 얼핏 보아서 그것이 진물인지 그림인지를 분별하지 못했는데, 더군다나 그림이 아니고 글씨임에랴. 이번 걸음에 처음 본 것으로 교묘한 게 적지 않은데, 그중 기묘한 것을 논하자면 마땅히 이것으로 으뜸을 삼아야겠다. 그 아래에 '강희 신미년 대홍현大興縣 사람 이지수李之秀가 괴질怪疾이 있어 여러 해를 능히 일어나지 못했으나, 집이 가난하여 시주施主하고 기도할 밑천이 없었다. 그의 처 유씨劉氏가 곧 가는 글씨를 익히되 주야불철 10년 공을 쌓은 끝에 이 그림을 이루어 시주하니, 그 남편의 병이 곧 나았다'고 기록되어 있다. 아! 이 그림을 보는 이로서 한 여자의 교묘한 수법만 알고 그녀가 쌓은 정성에 말미암은 것이라는 사실을 알지 못한다면 되겠는가?

백운관은 서쪽 문밖 몇 리 되는 곳에 있는데 도류道流들이 거처하는 곳이다. 지금은 비록 옛날과 같지는 않으나 지금 거주하는 자가 그래도 수백 명이다. 앞에 서 있는 큰 패루牌樓들의 편액은 모두 기억나지 않는다. 문안에 설치된 3개의 다리는 백운관 속의 물을 소통시키는 것인데 무지개처럼 높고 길게 굽었다. 정전正殿의 편액은 '자허진기紫虛眞氣'라 하여 옥황상제의 소상을 모셨는데 제왕의 옷을 갖추었다. 정전을 빙 둘러 삼십삼천三十三天의 제군帝君을 나눠 봉안하였는데, 모두 술을 드리우고 규圭를 꽂았으며, 모든 신장神將들은 다 머리 3개에 팔은 6개로 각기 병기兵器를 들었다. 뜰에 비석 둘을 세워서 다 옥황상제의 은덕을 칭송했다. 앞 전殿에는 남극노인성군南極老人星君을 모셨는데 흰 사슴을 타고 있으며, 왼쪽 한 전에는 두모斗母를 봉안하고 오른쪽 한 전에는 구장춘邱長春을 봉안하였는데, 구장춘은 바로 원 세조의 국사國師라 한다. 동쪽과 서쪽 낭옥廊屋은 모두 1,000여 칸이며 도사道士들이 나누어 거처하는데 모두 깨끗하여 마음에 든다. 관館 속에는 보관된 서적들이 들보에 닿도록 가득하며, 각종 제기祭器의 종류가 무더기로 쌓여 기묘하며, 병풍과 서화書畵는 모두 절묘한 보배에 속한 것들이었는데, 한눈에 다 볼 겨를이 없었다. 정월 19일은 곧 도군道君의 생신이기 때문에, 매년 이날이면 초제醮祭를 크게 베풀어 사녀士女들이 운

그림 12 천녕사탑

장춘사

19세기 아편 수입을 극력 반대한 청류파清流派 문사들의 모임 장소이기도 했다

집한다고 한다. 다시 문밖을 나갔더니, 여러 놀이꾼이

모여서 놀이를 하고, 구경꾼들이 담처럼 둘러 있었다.

장춘사長椿寺는 1592년(만력 20) 신종 황제神宗皇帝가 생모 효

정孝定 이태후李太后를 위해 세운 사찰로 이태후의 화상인 《구련

보살상九蓮菩薩像》을 봉안한 사실이 조선에 알려져 일부 문인들이 존명 의식을 표출하는 장소로서 처음 탐방한 듯하다. 그런데 1820년경부터 중국 측 문인들에 의해 장춘사가 만남의 장소로 적극 활용됨에 따라 연행 기록에 빠짐없이 등장하여 교유의 장으로서 묘사되고 있다. 게다가 조선 문인들의 장춘사 탐방이 이어지면서 1840년대까지 주지승 삼명三明과 오랜 기간 교유를 지속하기도 했다.

③ 동쪽 지역: 법장사, 석조사, 만류당

외성 동쪽 지역은 지금의 북경시 동성구에 해당한다. 조선 지식인들은 내성의 동남문인 숭문문으로 나가서 법장사法藏寺를 지나 외성의 동문인 광거문 방면에 있는 만류당萬柳堂·석조사夕照寺·육영당育嬰堂과 동편문 밖에 위치한 신목창神木廠 등을 관광했는데, 19세기에 와서야 조선 사절단의 유람 코스로 정착된 곳이다. 법장사는 김창업과 이기지의 방문 이후 꾸준히 회자되던 명소로, 이곳의 백탑白塔에 올라 내려다보면 북경이 한눈에 들어와 경관이 좋기로 유명했다. 김창업이 법장사 7층탑에 자신의 이름을 남기고 온 뒤로 조선 사신들에게 필수 코스가 되어, 많은 연행록에서 김창업 및 지인들의 이름을 확인하고 자신도 이름을 썼다고 했지만, 위에 열거한 장소까지는 가지 않았던 것으로 보인다. 조선 문인들은 18세기 말경부터 법장사와 더불어 이곳들을 탐방하기 시작했다.

> 법장사에서 동쪽으로 돌아 염화사로 향하니 바로 만류당 옛터이다. 명나라 때 설루재자雪樓才子가 이 당을 짓고 감상하며 시를 읊지 않는 날이 없었다. 그러므로 명나라 사람의 시집 가운데에 '만류당제영萬柳堂題詠'이라는 것이 또한 많다. 절의 뜰 동쪽과 남쪽에 모두 마치 뱀이 서린 모양같이 구불구불 못을 파서 물을 끌어 흐르게 하고 가장 높은 언덕에 신각神閣 1칸을 세워 놓았다. 이것이 만류당 앞면으로, 네 면이 탁 트이고 온 나무가 우거져 선배의 풍류를 상상하니 세상에 드문 느낌이 없을 수 없다.[60]

석조사는 염화사 근처에 있어 전각이 매우 정밀하고 화려하다. 세 관음상觀音像을 모셔 놓고 뒤에 있는 전각에도 금부처를 모셨으며, '대비전大悲殿'이라는 편액을 썼다. 어떤 이는 "옛 황금대黃金臺가 바로 이곳이다"라고 한다. 옛터를 따라 절을 세운 것으로 시야가 멀리까지 통하고 석양이 온통 비치기 때문에 석조사라 이름 붙였으니, 금대석조金臺夕照 또한 8경景 중 하나이다. 금대金臺가 지승志承(地乘의 오기)에 보이는 것이 세 곳인데, 하나는 역주易州에 있고 둘은 도성에 있다. 『여지·명승지輿誌·名勝志』에, "순천부順天府의 동남쪽 16리에 있고, 또 소금대小金臺가 있는데 서로 1리 떨어져 있다"라고 했다. 지금 조양문朝陽門 동남쪽에 우뚝 솟은 흙 언덕이 있는데, 호사자好事者들이 이것을 실증으로 삼는다.[61]

1803년 이해응의 『계산기정』에 실린 〈만류당구기萬柳堂舊基〉와 석조사夕照寺의 시서詩序 부분으로, 19세기에 두 장소를 처음으로 언급한 기록이다. 석조사부터 살펴보면, 석조사는 연경팔경 중 하나인 '금대석조(황금대의 저녁 노을)'에서 그 이름이 유래했다는 설 때문에 조선 문인들의 관심을 끌었다. 여기에 금대金臺, 즉 전국시대 연 소왕燕昭王이 높은 대를 쌓아 그 위에 황금을 올려놓고 천하의 현사賢士를 초빙했다는 황금대의 옛터라는 설이 더해져 회자되었다. 역대로 황금대를 찾는 사신들이 많았는데, 여러 연행록에는 내성 동문인 조양문 밖에 있다고 했다. 이해응은 조양문 밖 동남쪽에 있는 흙 언덕이 황금대라는 것을 호사자들의 말로 치부했다. 이해응이 고증한 바와 같이 실제로 석조사

그림 14 석조사 터의 조어대釣魚臺와 '금대석조' 비석

(위)조어대는 현재 영빈관으로 사용되고 있다
(아래)황금대 터는 현재 고층 건물에 둘러싸여 있다

와 황금대는 전혀 다른 곳이다. 석조사는 지금의 북경시 동성구에, 금대석조 비석은 북경시 조양구朝陽區에 있다. 석조사는 현재 남아있지 않고 그 터에 금대석조회관金臺夕照會館이 들어서 있다.

이해응과 박사호가 석조사를 황금대라는 과거의 사적과 결부하는 데 무게를 두었다면, 이정수·홍석모·한필교·김경선 등은 석조사의 현재 모습에 중점을 두었다. 홍석모는 만류당 서북쪽에 있는 석조사가 창건된 시점이 확실치 않으나 순치 초에 이미 무너져 집 하나만 남은 상태였고, 옹정 연간에 문각선사文覺禪師 원신元信이 거주하면서 절이 깨끗해지고 넓어졌으며, 건륭 연간 지장전地藏殿(대비전大悲殿을 가리킴)의 왼쪽 담장에 왕안곤王安昆이 「고송부高松賦」를 쓰고 우측 담장에 진수산陳壽山이 《쌍송도雙松圖》를 그렸다는 『신원지략宸垣識略』의 내용을 전재했다.[62] 이들의 관심사는 대비전 좌우 벽에 남아 있는 「고송부」와 《쌍송도》였는데, 건륭 때의 서예가 왕안곤이 초서로 쓴 「고송부」는 남조南朝시대 양조梁朝의 심약沈約의 작품이고, 《쌍송도》는 1775년 진숭陳崧(자 수산壽山)이 그린 《고송도古松圖》를 가리킨다. 이정수와 김경선은 실제 관찰을 바탕으로 전각에 봉안된 불상과 벽에 새겨진 글씨 및 그림을 묘사했다.

법장사 동쪽, 석조사 남쪽에 위치한 염화사拈花寺는 당대인들에게 만류당萬柳堂이란 이름으로 더 친숙하던 곳이다. 염화사는 위치상 현재 북경시 동성구 용담공원龍潭公園 안에 있었던 것으로 추정된다. 기실 북경에는 2개의 만류당 터가 있었다. 외성 서남쪽 우안문 밖 풍대豐臺에 있던 원대 염희헌廉希憲의 만류당과 외성 동쪽 광거문 안에 있던 청대 풍부馮溥의 만류당이 그것인데, 연행록 저자들이 방문한 만류당은 후자이다. 명대에 편찬된 『광여기』와 『제경경물략』에는 만류당이 성 남쪽 염희헌의 별서別墅로 소개되어 있으나, 청대에 편찬된 『일하구문고』에서는 『일하구문』에 누락된 만류당을 증보해 넣으면서 광거문 안에 있는 강희 연간 대학사大學士 풍부의 별업別業으로 소개하고, 박학굉사과博學宏詞科를 열었을 때 대조待詔하는 사람들이 이곳에서 아집雅集을 가졌다고 설명했다. 또 풍부가 염희헌의 만류당을 흠모하여 이름을 그대로 썼으며, 후에 호부시랑戶部侍郎 석문계石文桂가 소유하여 대비각대전大悲閣大殿·관제전關帝殿·미륵전彌勒殿을 세우고 이름을 염화선사拈花禪寺로 고쳤다는 사실을 보탠 다음, 모기령毛奇齡의 「만류당부萬柳堂賦」, 주이존朱彛尊의 「만류당기萬柳堂記」, 진기년陳其年의 「만류당수계시서萬柳堂修禊詩序」 전문을 세주로 실었다. 『신원지략』도 이를 그대로 따르되, 산문은 생략하고 주이존·서건학徐乾學·항세준杭世駿의 관련 시를 추가했다.

① 법장사에서 동쪽으로 돌아 만류당에 이르렀다. 만

류당은 광거문 안 동남쪽 모퉁이에 있는데, 강희 때 대학사大學士인 익도益都 사람 풍부의 별업이다. 후에 호부시랑 석문주石文柱(柱는 桂의 오기임)에게로 돌아가서 대비각大悲閣·미륵전彌勒殿을 세웠으며, 강희제가 쓴 '염화선사' 편액이 있다. 강희 연간 박학굉사과를 열었을 때 대조待詔하는 사람들이 일찍이 이곳에서 아집을 가졌다. 검토檢討 모기령의 「만류당부」가 있고, 검토 진기년의 「만류당수계시서」가 있다. ② 소자상邵子湘의 「만류당기」에 이르기를, "원나라 때 문정공文正公 염희헌이 일찍이 만류당을 지었는데 남은 터가 지금 풍대 주변에 있다. 논하는 자들은 풍 상국馮相國이 문정공의 사람됨을 흠모하여 그 이름을 따른 것이라고 한다"라 하고, 또 "상국이 정원 서쪽에 집을 짓고 음식을 저장하여 버려진 아이들을 거두고 의숙義塾을 세우고 백골을 수습했으며, 정원 안에는 장사꾼과 늙은이가 뒤섞여 시끄럽게 떠들어 거의 권세와 지위를 잊은 채 물아가 하나였다"라 했다. … 만류당 옆에 작은 토산 하나가 있으니 바로 옛날에 연꽃이 피어 있던 연못의 섬이다.
③ 일찍이 만류당에서 제생諸生이 학업을 많이 익혔다고 들었는데, 지금은 한 사람도 남아 있지 않으니 탄식

할 만하다. 어떤 이는 "명나라 때 설루재자가 만류당을 세우고 상명賞詠하지 않는 날이 없었으므로 명나라 시집 가운데 만류당제영이 매우 많다"라고 하는데, 아마도 설루재자가 시를 읊은 곳은 필시 야운野雲 염우승廉右丞의 만류당일 것이다. ④ 장중서蔣仲舒(장일규蔣一葵)의 『요상당기堯山堂記』를 상고하면 다음과 같다. "경사의 성밖에 있는 만류당 또한 하나의 유람처이다. 야운 염공廉公이 하루는 만류당에 술자리를 베풀고 소재蘇齋 노지盧摯와 송설松雪 조맹부趙孟頫를 초대하여 함께 술을 마실 때 이름이 해어화解語花인 가아歌兒 유씨劉氏가 왼손에는 연꽃을 쥐고 오른손에는 술잔을 들고서 소성악사小聖樂詞를 노래했다. 조공趙公이 매우 기뻐 즉석에서 다음과 같은 시를 지었다. …" 이로 말미암아 보건대 원나라 초부터 이미 만류당이 있었고 그 남은 터가 풍대에 있으니 풍부의 만류당이 아님이 분명하다. 혹 대조하며 아집을 가진 것을 설루의 모임으로 오인한 것이 아닐까.[63]

이날 강시영은 정충묘精忠廟(악왕묘岳王廟를 가리킴)를 보러 나갔다가 금어지金魚池를 거쳐 법장사와 만류당, 석조사를 차례로 돌고 숭문문을 통해 숙소로 왔다. ①은 『신원지략』을 그대로 옮긴 것이고, ②는 소자상이 지은 「만류당기」의 일부를 강시영이 삽입한 것이다. 「만류당기」를 인용한 중에 풍부의 만류당이 염희헌을 본받았다는 언술은 『일하구문고』에도 나온다. 두 번째 이야기는 전술한 육영당과 관련이 있다. 풍부는 석조사 옆에 육영당이 세워진 후에 관장한 사람 중 한 명이었다. ③에서는 이해응의 〈만류당구기〉에 보이는 바와 같이 만류당이 명 이반룡李攀龍·왕세정王世貞 등 후칠자가 시를 지으며 노닐던 곳이라는 설을 언급하고 의문을 제기했다. 일부 문인들 사이에 만류당은 명 문사들의 아회 공간으로서 알려졌던 듯한데, 한 예로 조수삼趙秀三은 만류당 옆에 있던 석조사를 이반룡의 서재 백설루白雪樓의 옛터로 오인하기도 했다. 마지막으로 ④에서는 장일규蔣一葵의 『요산당기堯山堂記』를 근거 삼아 설루재자의 만류당은 법장사 옆 만류당이 아니라 풍대에 있었던 염희헌의 만류당일 것이라고 단정지었다. 풍부의 만류당은 강희 때 생겼기 때문에 후칠자가 활동하던 시대와 맞지 않다고 본 것이다. 조맹부가 만류당에서 해어화라는 가희歌姬가 원호문元好問이 지은 「소성악小聖樂」, 일명 「취우타신하驟雨打新荷」라는 곡패曲牌를 부르는 것을 듣고 기뻐하며 시를 지었다는 이 일화는 『요산당기』의 '조맹부' 조를 비롯하여 많은 문헌에 실려 있는 유명한 고사이다.

　강시영은 『신원지략』과 『요산당기』, 그리고 동시대 연행록으로 추정되는 전언(傳言)까지 동원하여 여러 정보를 정리하고 고증했다. 광거문 쪽 만류당 주인에 관한 세 가지 설(풍부설/염희헌설/설루재자설)은 19세기 연행록에 고루 분포되어 있는데, 이 중 염희헌 및 풍부와 관련하여 강시영이 둘을 전혀 다른 장소로 파악한 것과 달리 홍석모·한필교·김진수(金進洙)(1832) 등은 두 만류당을 동일시하고 있다. 즉 염희헌의 만류당 터에 풍부의 만류당이 들어선 것이라고 했다.[64]

이러한 기록의 차이를 논외로 두더라도 19세기의 연행록 저자들이 만류당을 주목하게 된 배경에 북경 지리서류 서적과 당대의 연행 기록이 큰 영향을 끼쳤음은 부인하기 어렵다. 1804년 사은 겸 동지사 서장관 원재명이 만류당 터가 우거진 잡초 속에 있어 찾지 못했다고[65] 짤막하게 기술한 것은 미처 정보를 확보하지 못했기 때문이었을 것이다. 반대로 홍석모가 "늙은 승려만 황폐한 절에 깃들어 살고 옛일을 아는 사람이 없다(只有殘僧寄住荒寺, 無人識故事者)"라고 하면서도[66] 강시영과 유사한 형태로 염희헌·조맹부 고사와 『신원지략』을 차례로 인용한 뒤에 "당시 유람의 승경과 풍류의 성대함을 볼 수 있다(可以見當時遊覽之勝, 風流之盛也)"라고 한 것은 연행록이 작자의 체험만을 기록하는 것이 아니라 고적(古蹟)에 얽힌 고사를 소개함으로써 독자의 관광을 고려한 안내서의 기능도 겸했음을 보여 준다.

만류당이 있었던 곳으로 추정되는 용담공원

    이처럼 석조사와 만류당(염화사) 관련 서술에는 작자가 직접 보고 들은 내용과 아울러 각종 북경 지리서와 유서 잡록을 취사 선택해 기록했다는 공통점이 있다. 또 한 가지 간과해선 안 될 중요한 사항은, 이들 장소가 모두 19세기 청 문사들의 아회 공간이기도 했다는 점이다. 본 장 첫머리에서 특정 장소를 유람하는 계기를 두 가지로 나누어 서술한 바 있는데, 19세기에는 여기에 교유라는 요소가 추가적으로 맞물려 있다. 홍석주가 2차 연행을 다녀와서 지은 만류당 시를 보면, "만류당은 동편문 안에 있다. 전하는 말에 청 초의 재상 풍부의 고택이라고 한다. 예전에 그곳을 유람하고 시 한 수도 짓지 않았는데 돌아오는 길에 완운대阮芸臺(완원阮元)의 시집을 얻어 보니 바로 원나라 평장사平章事 염희헌이 조송설趙松雪 등 문사들과 노닐던 곳이라고 한다"[67]라고 했다. 홍석주는 완원의 시집을 통해서 뒤늦게 이곳을 주목하게 된 것이다. 만류당은 1810년을 전후하여 주학년朱鶴年의 소유가 되어 완원을 비롯한 일련의 문사들이 시회를 벌인 곳으로,[68] 조선 후기 문인들이 '염희헌의 만류당→풍부의 만류당'으로 인식한 것에 이들의 영향도 어느 정도 작용했을 것으로 추측된다. 이후에도 만류당은 줄곧 석조사와 더불어 문인 재자들의 모임 장소와 시인들의 피서지로 활용되었다.[69]

북경성 외곽: 서산, 노구교

① 서산

서산은 지금의 북경시 해정구海淀區에 있는 이화원을 가리킨

다. 본래 향산香山, 옥천산玉泉山, 만수산萬壽山 등을 아울러 '서산'
이라 일컬었다. 금金나라 때 향산과 옥천산 일대에 황실의 원림
이 조성되고, 원대와 명대를 거치면서 많은 사찰과 별장이 세워
졌으며, 청대에 들어와 창춘원暢春園과 원명원圓明園, 그리고 강
희제가 옥천산에 조성한 정명원靜明園, 건륭제가 향산에 조성한
정의원靜宜園 및 만수산에 조성한 청의원淸漪園(지금의 이화원頤和園)
까지 다섯 행궁이 서산 일대에 위치하면서 서산은 특정한 산 하
나를 지칭하기보다는 황실의 원유지로 여겨졌다. 서산은 경관
이 수려할 뿐 아니라 명승고적이 즐비해 북경을 대표하는 명산
으로 인식되었다. 연경팔경의 하나인 '서산청설西山晴雪(서산의 갠
눈)'은 바로 서산에 눈이 내린 겨울 풍경을 빼어난 경관으로 여
겨 선정한 것이다.

　　조선후기 연행록에서 서산을 관광한 날은 대체로 '서산西山'
또는 '해전海甸(해정海定)'에 갔다는 표현을 사용했으며, 간혹 '서
호'나 '곤명호'라 지칭하기도 했다. 유람한 범위를 살펴보면 곤
명호 주변과 그에 인접한 원명원 서쪽 구역 일부이다. 범위를
더 좁히면 곤명호의 동쪽 연안에 있는 십칠공교十七孔橋와 수의
교繡漪橋 인근에서 벗어나지 않는다. 즉 현재 이화원의 동제東堤
와 남호도南湖島 구역에 국한된다.

　　1784년 동지 부사 강세황姜世晃은 정사 이휘지李徽之와 함께

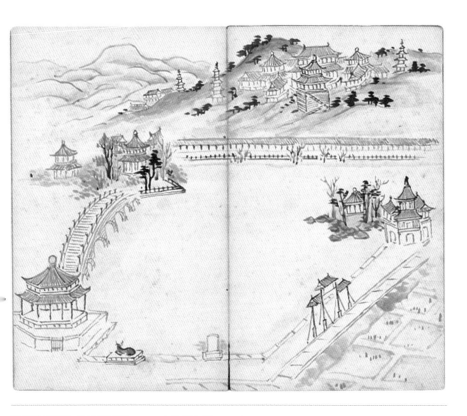

강세황,《사로삼기첩槎路三奇帖》〈서산누각西山樓閣〉, 국립중앙박물관 소장

18-19세기 조선 사절단이 관광한 '서산'의 범위를 잘 보여 준다.

원명원 연회에 갔다가 서산을 유람하고 그림과 시를 남겼다. 강
세황의 그림을 보면, 멀리 만수산에 청의원이 세워져 있고 산
남쪽 아래에 장랑長廊이 가로놓여 있으며, 곤명호 동쪽 편에 문
창각文昌閣이 있고 아래로 패루를 지나 동우銅牛와 확여정廓如亭,

그리고 십칠공교로 이어진 남호도南湖島까지 조선 사절단이 일반적으로 견문한 서산의 전경을 간결하게 묘사했다. 이 그림이 중요한 이유는 서산이라는 장소성 때문이다. 서산은 이 무렵부터 조선 사절단이 공식적으로 방문할 수 있었던 곳이었기에 강세황이 특별히 세 가지 기이한 볼거리 중 하나로 설정하여 그림으로 남긴 것이다.

조선 사절단이 목도한 서산의 규모가 갖추어진 것은 1760년을 전후한 시점이다. 1760년 진하부사 서명신은 정사 해운군海運君 연槤과 함께 서산에 가기로 약속한 후, 이튿날 '만수산萬壽山의 이궁離宮(별궁)', 즉 청의원에 당도하여 곤명호와 십칠공교, 수의교繡漪橋 등을 구경했다.

> 들으니 건륭이 남쪽으로 순행하여 서호西湖를 본 뒤에 다시 가서 노닐고자 하였으나 태후가 그를 만류하며 "어찌 서호를 모방하여 가까운 곳에 만들어 놓지 않고 기필코 멀리 순행하려 하는가?"라고 했다고 한다. 그러므로 황제가 한결같이 서호를 본떠서 이곳에 만들고 그 물을 끌어와서 황성皇城(자금성) 안에 물을 대었다. 성 안에서부터 배를 타고 서호를 왕래하기 때문에, 동서로 거슬러 올라가면서 서호와 같이 누대를 설치한 것이다.[70]

서명신은 건륭제가 황태후의 권유로 절강성 항주杭州의 서호西湖를 모방하여 옹산瓮山 자락에 인공호수인 곤명호를 조성한 사실을 언급했다. 건륭제는 1751년 황태후의 60세 생신을 축하하고 축수를 빌기 위해 옹산에 연수사延壽寺라는 절을 세우고 옹산을 '만수산萬壽山'으로 고쳤다. 아울러 곤명호 중앙에 남호도라는 인공섬을 만들고 십칠공교라는 긴 돌다리를 놓았으며, 곤명호 확장공사를 마친 1755년에는 호숫가에 청동으로 만든 동우를 두어 치수를 기원했다. 따라서 서명신이 서산에 갔을 때는 조선 후기 문인들이 '서산'으로 인식했던 그 권역, 즉 만수산에 청의원이 들어서고 곤명호 주위에 정자와 다리가 완성된 직후였던 것이다.

서산은 1781년 동지 사행단이 정월 보름에 열린 원명원 상원연上元宴에 참석하면서 공식 일정에 수반된 관광 코스가 되었다. 원명원 안에서도 연회 장소인 산고수장각과 정대광명전이 곤명호와 가장 근접해 있었기에, 조선 사신들은 주로 연회를 마치고 관소로 돌아갈 때 서산 권역을 경유했다. 또 원명원에서의 의례와 무관한 날에 사적인 유람을 나서기도 했다. 권복인은 글의 도입부에서 "외국에서 태어나 연경을 보지 않았으면 그 거대함을 다 알 수 없고, 연경을 유람하면서 서산을 보지 않았으면 그 아름다움을 다 알 수 없다고 하였으니, 이 말을 믿을 수 있겠구나!"

그림 17 십칠공교

17개의 아치가 있다고 하여 붙여진 이름이다

그림 18 동우

청동으로 만든 소의 등에 건륭제가 쓴 명銘이 전서로 씌어 있다라며 북경에서 서산이 가장 아름다운 곳임을 힘주어 말했다. 특히 십칠공교를 건너면서부터 남호도 내의 동정유상洞庭留賞 누각에 올라 만수산을 바라본 감흥을 집중적으로 표출한 뒤, 옥천산과 향산으로 시선을 확장하여 곤명호를 둘러싸고 있는 산의 형세를 전체적으로 묘사하며 서산 내에서 으뜸이라 평했다.[71]

서산은 유람의 공간이면서 청조의 실상을 탐문하는 공간이기도 하였다. 건륭제가 막대한 인력과 재정을 들여 조성한 청의원과 곤명호는 조선 문인들에게 경탄의 대상임과 동시에 비판의 대상이 되었다. 대체로 창춘원과 원명원을 대비하여 강희제와 건륭제에 대해 상반된 평가를 내렸다. 김창업이 강희제의 검소함을 강조한 이래로 이의봉, 홍대용, 박지원 등이 공통적으로 창춘원의 규모가 소박한 것을 들어 강희제의 60년간 태평 치세를 칭송했다. 동시에, 건륭제에 대해서는 원명원의 사치하고 화려함이 창춘원의 백배가 넘고 서산은 원명원의 열 배가 넘으니 오랑캐의 운수를 알 만하다고 말하면서 부정적인 시선을 드러내었다. 대부분의 조선 지식인들은 극도로 사치하게 꾸민 서산 행궁을 통해 청조의 쇠운을 예견하면서 건륭제의 재정 낭비에 그 근본 원인이 있다고 보았다.

한편 조선 문인들은 '서산'에서 천연天然과 인공人工의 분별에 대한 의론을 펼치기도 하였다. 1801년 진하 부사 오재소吳

載紹는 당초 서산을 두루 탐방하려 했지만, 서산이 인공으로 꾸민 아름다운 궁궐에 불과하다는 말을 듣고서 아예 유람을 단념하기도 했다.[72] 오재소와 같은 문인들은 '서산'의 인위적인 측면을 강하게 부정한 반면에, 1836년 동지 사행에 참여한 임백연任百淵은 천연과 인공을 구분하는 것이 무의미하다는 견해를 피력하고, 더 나아가 중화와 이적의 구분이 없다는 주장을 펼쳤다.[73]

그림 19 곤명호와 만수산의 모습

임백연의 견해는 중국 중심의 화이론을 부정한 홍대용과 박지원의 인식이 19세기에 공감대를 형성하여 확산되었음을 보여 준다.

1860년 영불연합군에 의해 원명원과 청의원이 불에 타버린 후로는 만수산의 중향계와 지혜해智慧海(지금의 불향각佛香閣)까지도 비교적 자유롭게 오르내리며 화려함을 상실한 '서산'의 모습을 실감했다. 1862년 동지사행에 참여한 이항억李恒億은 "황도의 서산은 내가 한양에 있을 때 부러워하며 들었던 곳"이라며 기대감을 안고 서산으로 향했으나, 불에 탄 잔해들만 목도하고는 "서산이 항상 눈에 어른거리니 자세히 보지 못하여 그러한 것이 아닌가"라며 안타까움을 드러내기도 했다. 한편, 1850년대부터 원명원과 서산을 넘어 향산香山까지 탐방 범위가 확장되었다. 향산의 벽운사碧雲寺를 탐방한 사례는 1850년 권시형의 『석단연기』에 처음 보인다. 권시형은 청 문사와의 만남 때문에 벽운사 유람을 포기했으나 세 사신이 벽운사를 유람한 사실을 기록하고 있어 이 무렵부터 벽운사 유람이 가능했음을 알 수 있다. 이후 박제인, 강위姜瑋, 심이택沈履澤, 남일우南一祐 등이 잇달아 향산의 벽운사를 탐방한 뒤 금강보좌탑金剛寶座塔에 올라 이름을 남겼고, 남일우는 벽운사와 함께 건륭제가 향산 자락에 조성한 정의원靜宜園까지 두루 탐방했다. 1860년대 이후 벽운사 유람

그림 20 벽운사의 금강보좌탑

현재 북경시 해정구 향산공원 내에 있다

횟수가 본격적으로 증가한 것은 1860년 10월 영불연합군에 의해 원명원과 청의원 일대가 파괴되면서 서산에 대한 접근이 용이해진 시대 상황과 관련이 깊을 것이다. 조선 문인들은 폐허가 된 서산(만수산)을 대신하여 향산을 유람하면서 청의원의 재건 상황을 보고했다.[74]

② 노구교

노구교는 지금의 북경시 풍대구豐臺區에 있는 다리이다.『동방견문록』의 저자 마르코폴로가 이 다리를 보고 극찬했다 하여 일명 마르코폴로 다리라고 불린다. 연경팔경의 하나인 '노구효월盧溝曉月(노구교의 새벽달)'이 바로 이곳이다. 조선 지식인들 사이에서 노구교는 북경의 장관으로 손꼽혔으나 북경의 서남쪽 외곽에 위치하여 중심부에서 멀리 떨어져 있는 탓에 쉽게 관광할 수는 없었던 것으로 보인다. 일부 연행록에서 노구교를 직접 탐방한 사례가 확인된다.

노구교는 북경 장관壯觀의 하나이니, 대개 교량으로는 필적할 만한 것이 없기 때문이다. 물이 흐리기 때문에 혹 혼하渾河라고 일컫고, 검기 때문에 더러는 노구蘆溝

라고 일컫는데, 갈대의 빛이 검은 뜻을 취한 것이다. 그 흐름이 이리저리 옮겨 일정치 않으므로 더러는 무정하無定河라고도 일컫는다. 지금 청나라가 영정하永定河라고 이름을 고쳤다. 어떤 이는, "그 근원이 새외塞外 상건산桑乾山에서 나오므로 이름이 상건수桑乾水이다" 하고, 어떤 이는, "노구는 일명 탑수漯水이다. 황하의 복류伏流가 산서 마읍현馬邑縣 금룡지金龍池로부터 발원하여, 보안保安 연미하燕尾河로 흘러 들어가 장가牂牁의 모든 물과 합친다. 연하구沿河口를 지나고 석항구石港口를 통하여 곧장 노구에 이른다. 도성 밖 서남쪽을 둘러 지나서 동쪽으로 통주하通州河로 들어간다"라고도 한다. 또 손승택孫承澤의 『춘명여록春明餘錄』에는, "노구하盧溝河는 태원太原 천지天池에서 나와 땅속으로 스며 흘러서 삭주朔州 마읍에 이르고, 뇌산雷山 남에서부터 밖으로 나타나 혼천渾泉을 이루면서 상건하가 된다. 안문雁門, 운중雲中의 모든 물이 다 모여서 통주通州에 이르니, 고려장高麗莊 및 백하白河, 혼하渾河, 패수灞水 등의 물이 그 줄기이다"라 했다. 후위後魏의 도독都督 유정劉靖 및 그 아들 평향후平鄕侯 유홍劉弘이 여릉언戾陵堰을 쌓아서 물이 부딪칠 우려를 방비하였는데, 후인들이 그들의 공로를 사모하여 그 제방을 유사언劉師堰이라 이른다고 한다. 한漢, 당唐 때는 최변방의 요새지를 삼았더니, 지금은 번화한 도회지를 만들어서 중원의 행려行旅로 연경에 가는 자들은 모두 여기를 통과한다. 재곡財穀을 실어 나르는 낙타와 말이 왕래하는 소리가 밤낮으로 끊이지 않고 연속된다. 물을 가로질러 다리를 놓았는데, 다리는 돌을 사용했다. 구멍은 모두 11개며, 그 높이는 돛단배가 드나들 만하였으니, 비록 장마를 만난다 하더라도 홍수가 다리에 미치지 못한다. 물결의 형세가 양쪽은 높고 가운데는 낮기 때문에 사람들은 신교神橋라 일컫는다. 다리는 길이 140칸(間, 길이의 단위로, 1칸은 6자에 해당함), 너비 10칸쯤 되고 좌우에 돌난간을 설치했으며, 기둥에는 사자와 코끼리 등을 새겼는데 정교하여 자못 실물에 가깝다. 금나라 경명景明 연간에 처음 쌓았다 한다. 다리의 양 머리에는 각각 어제비御製碑가 있어 누런 기와로 위를 이었는데, 하나는 강희 황제가, 하나는 건륭 황제가 쓴 것이며, 다른 하나에는 '노구효월盧溝曉月'이란 네 글자를 새겼다. 이는 팔경八景의 하나가 되는데, 매양 맑은 밤 달 밝을 때면 멀리 비치는 푸르스름한 빛이 더욱 기이하다고 한다. 다리를 지나면 관묘關廟가

盧溝曉月

그림 21 노구교와 건륭제가 친필로 쓴 '노구효월' 비석

있고, 관묘 밖에 낭각廊閣을 설립해서 세관稅官 몇 사람
이 항상 그 가운데 앉아서 사무를 보며 장사들의 수레
수를 기재하고 세은稅銀을 거둔다고 한다. 성 둘레는
6, 7리에 불과한데 역시 인가가 있다. 성문을 통해 돌
아왔으나 별도의 길을 택해서 외성外城의 광안문으로
들어왔다. 연로에서 본 것들은 바빠서 다 기록하지 못
했다.[75]

조선시대 북경 '관광'의 의미

대중국 사행은 조선 지식인들에게 중국의 정치, 외교, 경제, 학술, 문화, 풍속 등 다방면에 대한 지식 정보를 확장하게 해준 중요한 행사였다. 조선 전 시기에 걸쳐 사절단은 한양과 북경을 왕복하며 중국 '관광'에 열중했다. 그중에서도 북경은 사행 과정에서 가장 오랫동안 체류한 공간이자 가장 많은 견문을 쌓을 수 있었던 공간이었다. 이 책에서는 조선시대 대중국 사행 기록에서 북경 체류 기간을 집중적으로 검토하여 조선 지식인의 시야에 들어온 북경의 전통적인 관광 명소와 새롭게 떠오른 관광 명소를 종합적으로 확인해보고자 하였다.

조선 지식인들의 관광 공간은 황성→내성→외성→북경성 외곽으로 점차 확장되었고 사행 경험이 축적됨에 따라 명승고적의 내력을 상세히 파악하고 위치를 정확히 비정하는 등 북경의 역사와 문화에 대한 탐구를 심화해갔다. 저자의 문학적 능력을 차치하고 18-19세기 연행록의 내용과 묘사가 다채로워진 것은 관광 공간의 확장과 관련이 깊다고 할 수 있다. 아울러 각 공간 체험의 변화 양상은 궁극적으로 조선과 명, 그리고 조선과 청의 외교 관계와 대외 인식의 실상 및 전대 사행과의 영향 관계를 확인하는 과정이 될 수 있다는 점에서 의의가 있다.

다만 조선 문인들이 북경을 탐방한 동기는 고적 답사, 경관 감상, 정세 탐문, 중화문명 확인, 대명의리 표출, 동류의식 발현 등 그 층위가 다양했다. 탐방한 장소에서 드러낸 개개인의 관심 분야 역시 중국의 정치, 제도, 역사, 문화, 인물, 예술 등으로 저마다 달랐다. 각 장소가 지니는 함의를 구체적으로 분석할 필요가 있다.

주석

1 19세기 말-20세기 초에 근대적 여가 행위로서 관광의 개념이 확립되었으며, 일본에 서 'tour'의 대역어로 사용한 '관광(觀光)'이 한국에 유입되었으리라 추정된다(도재학, 「관광'의 어휘사와 문화 변동」, 『한국학연구』 64, 고려대학교 한국학연구소, 2018). 전통적인 관광의 용례와 의미에 대해서는 한경수, 「관광의 어원 및 용례에 관한 역사적 고찰」, 『관광 학연구』 13, 한국관광학회, 1989; 한경수, 「한국에 있어서 관광의 역사적 의미 및 용 례」, 『관광학연구』 36, 한국관광학회, 2001; 황소연, 「조선시대 사행문학과 '관광' 의 식」, 『일본학연구』 30, 단국대학교 일본연구소, 2010; 구도영, 「조선 전기 對明 使臣의 북경 '관광' 탄생과 외교적 의미」, 『한국문화』 88, 서울대학교 규장각한국학연구원, 2019 등에서 검토한 바 있다.

2 김한규, 『동아시아의 창화 외교』, 소나무, 2019, 456-457쪽; 이성혜, 『유구 한문학』, 산지니, 2022, 304-306쪽 참조.

3 김한규, 위의 책, 304쪽.

4 김한규, 위의 책, 65쪽 참조. 임기중, 『연행록연구층위』, 학고방, 2014, 19-28쪽에서 는 조선시대에 1,711회 사절단을 파견한 것으로 파악했다.

5 명조가 조선 사절단에 취한 '회동관 문금'에 대해서는 조영헌, 「1522년 北京 會同館 의 對朝鮮 門禁 조치와 그 배경: 正德帝 遺産의 정리와 관련하여」, 『중국학보』 91, 한 국중국학회, 2020; 구도영, 「조선 전기 對明 使臣의 북경 '관광' 탄생과 외교적 의미」, 『한국문화』 88, 서울대학교 규장각한국학연구원, 2019 등 참조.

6 대명 사행의 주요 북경 관광지에 대해서는 구도영, 「조선 전기 對明 使臣의 북경 '관 광' 탄생과 외교적 의미」, 『한국문화』 88, 서울대학교 규장각한국학연구원, 2019 및 구도영, 「조선 전기 對明사신의 북경 관광지와 관광 소회」, 『역사학보』 244, 역사학 회, 2019에서 상세하게 고구했다.

7 麟坪大君, 『燕途紀行』 下, 1656년 10월 20일 및 10월 27일.

8 대청 사행의 북경 관광 장소에 대해서는 임영길, 「18-19세기 조선 문인들의 北京 인

148

식과 기록 양상: 탐방 공간의 확장과 관련하여」, 『동양한문학연구』 54, 동양한문학회, 2019 참조.

9   洪受疇, 『燕行錄』, 1696년 1월 10일·13일·19일·21일·22일, 2월 13일 등.

10 金昌業, 『燕行日記』 卷1, 1712년 11월 14일.

11 金景善, 『燕轅直指』 卷2, 「出疆錄」, 1832년 12월 19일, 〈館所衙門記〉.

12 金昌業, 『燕行日記』 卷4, 1713년 1월 6일·25일 및 권5, 2월 3일·4일·5일·6일.

13 李器之, 『一庵燕記』 卷3, 1720년 10월 8일.

14 청대 조선 사신의 접대 의례에 나타난 변화 양상에 대해서는 구범진, 「1780년대 淸朝의 朝鮮 使臣에 대한 接待의 變化」, 『명청사연구』 48, 명청사학회, 2017; 손성욱, 「淸 朝貢國 使臣 儀禮의 形成과 變化」, 『동양사학연구』 143, 동양사학회, 2018 참조.

15 徐浩修, 『燕行記』 卷3, 「起圓明園至燕京」, 1790년 8월 5일 및 8월 9일.

16 李鼎受, 『游燕錄』 卷9, 「留館」 下, 1812년 1월 26일.

17 朴趾源, 『熱河日記』, 「黃圖紀略」, 〈皇城九門〉.

18 金景善, 『燕轅直指』 卷2, 「出疆錄」, 1832년 12월 19일.

19 조선 사절단의 시기별 다양한 숙소에 대해서는 박현규, 「明淸 시대 北京 朝鮮使館 고찰」, 『중국사연구』 82, 중국사학회, 2013 참조.

20 文化部文物局 주편, 『中國名勝詞典』, 上海辭書出版社, 1986 참조. 이하 북경 명소의 소개는 동일한 책을 참조했음을 밝혀 둔다.

21 李承召, 『三灘集』 卷8, 「次北京八景詩」의 서문.

22 金舜協, 『燕行錄』 卷2, 1729년 11월 26일.

23 權時亨, 『石湍燕記』 卷3, 1851년 1월 13일.

24 李鼎受, 『遊燕錄』 卷3, 〈北京城內外勝觀總記〉.

25 서반의 다양한 역할에 대해서는 신익철, 「연행록을 통해본 18세기 전반 한중 서적교류의 양상」, 『태동고전연구』 25, 한림대학교 태동고전연구소, 2009; 박수밀, 「조선의 중국 서적유입 양상과 그 의미 —序班과 琉璃廠의 존재를 중심으로」, 『동아시아문화연구』 50, 한양대학교 동아시아문화연구소, 2011 참조.

26 蘇世讓, 『赴京日記』, 1534년 윤2월 4일, 윤2월 20일 및 蘇巡, 『葆眞堂燕行日記』, 1534년 윤2월 6일, 윤2월 17일 등 참조.

27 鄭士龍, 『湖陰雜稿』 卷2, 『朝天錄』, 「海印寺鏡光閣」의 원주.

28 마두의 역할과 각종 폐단 등의 실상에 대해서는 이현주, 「연행사절 下隸에 대하여」,

『한문학보』30, 우리한문학회, 2014; 김영죽, 「연행, 그 이면의 풍경 ─18,19세기 연행
록에 나타난 房妓와 馬頭輩의 실상을 중심으로」, 『한국문학연구』52, 동국대학교 한
국문학연구소, 2016 참조.

29 李鼎受, 『游燕錄』卷9, 「遊館」下, 1812년 1월 23일; 洪敬謨, 『燕雲遊史』, 「北京育嬰堂」;
李裕元, 『橘山文稿』册7, 「楊雪翰墨」, 〈育嬰堂〉; 權時亨, 『石湍燕記』권3, 1851년 1월
13일 등.

30 『日省錄』헌종 6년(1840) 3월 25일조, '書狀官李正履聞見別單'.

31 이유원의 연행에 대해서는 임영길, 「李裕元의 1845년 謝恩使行과 한중 문인 교유」,
『한국한문학연구』81, 한국한문학회, 2021 참조.

32 金景善, 『燕轅直指』卷1, 「出疆錄」, 〈各處所用禮物人情都數〉.

33 최식, 「淸心丸으로 읽은 燕行의 文化史」, 『민족문화』55, 한국고전번역원, 2020 참조.

34 朴齊寅, 『燕行日記』卷3, 「附錄」.

35 洪大容, 『湛軒書』外集 卷9, 「燕記」, 「琉璃廠」.

36 徐命臣, 『庚辰燕行錄』, 1760년 12월 5일.

37 杞泉(미상), 『隨槎日錄』, 1825년 12월 27일.

38 이홍식, 「연행사와 청대 북경의 朝鮮使館」, 『한국한문학연구』57, 한국한문학회,
2015 참조.

39 19세기 북경 인삼국의 현황과 기능에 대해서는 임영길, 「19세기 한중 문인 만남의 공
간, '人蔘局'」, 『문헌과해석』84, 태학사, 2019 참조.

40 李器之, 『一庵燕記』卷3, 1720년 10월 8일.

41 崔晛, 『朝天錄』4(『訒齋先生續集』卷4), 1709년 1월 18일.

42 韓弼敎, 『隨槎錄』卷3, 「遊賞隨筆」下, 〈辟雍〉.

43 任百淵, 『鏡浯遊燕日錄』坤, 1837년 1월 5일.

44 蔡濟恭, 『樊巖集』卷13, 「含忍錄」上, 「文丞相祠」.

45 조선시대 문천상에 대한 여러 논의의 구체적인 내용은 안순태, 「조선조 문천상의 충
절에 대한 논의 연구」, 『돈암어문학』39, 돈암어문학회, 2021 참조.

46 김명호, 『환재 박규수 연구』, 창비, 2008, 415-417쪽.

47 朴趾源, 『熱河日記』, 「謁聖退述」, 〈文丞相祠堂記〉.

48 朴思浩, 『燕薊紀程』卷2, 「歷代帝王廟記」.

49 朴思浩, 『燕薊紀程』卷2, 「妙應寺記」.

50 李穡의『牧隱集』卷16, 18, 24, 32에 광제사에서 지은 시가 여러 편 실려 있다.

51 조선 사절단의 천주당 방문 양상에 대해서는 신익철,「18세기 연행사와 서양 선교사의 만남」,『한국한문학연구』51, 한국한문학회, 2013; 신익철,「18-19세기 연행사절의 북경 천주당 방문 양상과 의미」,『교회사연구』44, 한국교회사연구소, 2014 참조.

52 洪大容,『燕記』(『湛軒書』外集 卷9),「觀象臺」.

53 洪錫謨,『游燕稿』卷2,「俄羅斯館」.

54 박태근,「중국에서 만난 조선문명과 제삼문명: 러시아문명」,『국제한국학연구』1, 명지대학교 국제한국학연구소, 2003.

55 李肇源,『燕薊風煙』,「憶遠人」,〈和雅敬〉.

56 이조원과 비추린의 교유에 대해서는 임영길, 王壺 李肇源의 燕薊風煙과 한중 문인 교유」,『한문학논집』54, 근역한문학회, 2019 참조.

57 金景善,『燕轅直指』卷4,「留館錄」中, 1833년 1월 6일,〈天壇記〉.

58 權復仁,『隨槎閑筆』下,「金魚池」.

59 金景善,『燕轅直指』卷3,「留館錄」上, 1832년 12월 22일,〈岳王廟記〉.

60 李海應,『薊山紀程』卷3,「留館」, 1804년 1월 6일,〈萬柳堂舊基〉.

61 李海應,『薊山紀程』卷3,「留館」, 1804년 1월 6일,〈夕照寺〉.

62 洪錫謨,『游燕藁』地,「夕照寺, 見壁上高松賦·雙松圖」의 세주; 韓弼敎,『隨槎錄』卷3,「遊賞隨筆」下,〈夕照寺〉.

63 姜時永,『輶軒續錄』卷3, 1830년 1월 25일.

64 洪錫謨,『游燕藁』地,「拈花寺」의 세주; 韓弼敎,『隨槎錄』권卷3,「遊賞隨筆」下,〈萬柳堂〉; 金進洙,『蓮坡詩鈔』卷上,「萬柳堂」등.

65 元在明,『芝汀燕記』卷2, 1804년 1월 11일.

66 한필교는 "불우(佛宇)와 승려가 별로 볼만한 것이 없다(佛宇僧寮, 別無可觀)"라고 평하는 대신에, 만류당에서 만난 모사기(毛士驥)라는 사인(士人)과 나눈 필담을 기록했다(『隨槎錄』卷6,「班荊叢話」下,〈萬柳堂毛士驥筆談〉).

67 洪奭周,『淵泉集』卷4,「萬柳堂, 在東便門內, 傳爲淸初輔臣馮溥故宅舍. 曩遊其地, 不爲一詩, 歸道, 得阮芸臺(元)詩集, 閱之, 以爲卽元平章廉希憲, 與趙松雪諸文士遊讌處, 遂追成兩絶句」.

68 李鼎受,『游燕錄』卷9,「留館」下, 1812년 1월 23일.

69 權時亨,『石湍燕記』卷3, 1851년 1월 13일.

70 徐命臣, 『庚辰燕行錄』, 1760년 11월 26일.

71 權復仁, 『隨槎閑筆』卷下, 「遊西山記」.

72 吳載紹, 『燕行日記』, 1801년 10월 12일.

73 任百淵, 『鏡浯遊燕日錄』坤卷, 1837년 1월 19일.

74 이상 조선 사절단의 서산 관광 양상에 대해서는 임영길, 「조선후기 연행록에서 북경 '西山'의 의미」, 『대동한문학』 57, 대동한문학회, 2018 참조.

75 金景善, 『燕轅直指』卷5, 「留館錄」下, 1833년 1월 26일.

참고문헌

김명호, 『환재 박규수 연구』, 창비, 2008.

김한규, 『동아시아의 창화 외교』, 소나무, 2019.

손성욱, 『사신을 따라 청나라에 가다』, 푸른역사, 2020.

이성혜, 『유구 한문학』, 산지니, 2022.

임기중, 『연행록연구층위』, 학고방, 2014.

정은주, 『조선시대 사행기록화』, 사회평론, 2012.

文化部文物局 註編, 『中國名勝詞典』, 上海辭書出版社, 1986.

구도영, 「조선 전기 對明 使臣의 북경 '관광' 탄생과 외교적 의미」, 『한국문화』 88, 서울대학교 규장각한국학연구원, 2019.

_____, 「조선 전기 對明사신의 북경 관광지와 관광 소회」, 『역사학보』 244, 역사학회, 2019.

구범진, 「1780년대 淸朝의 朝鮮 使臣에 대한 接待의 變化」, 『명청사연구』 48, 명청사학회, 2017.

권인용, 「明中期 朝鮮의 入明使行: 蘇世讓의 《赴京日記》를 통하여」, 『명청사연구』 19, 명청사학회, 2003.

김영죽, 「연행, 그 이면의 풍경: 18, 19세기 연행록에 나타난 房妓와 馬頭輩의 실상을 중심으로」, 『한국문학연구』 52, 동국대학교 한국문학연구소, 2016.

김지현, 『朝鮮時代 對明 使行文學 硏究』, 한국학중앙연구원 박사학위논문,

2014.

김창수, 「건륭연간 외교 공간의 확장과 조선 사신의 교류: 조선·청 지식 교류의 기반에 관하여」, 『한국학논총』 51, 국민대학교 한국학연구소, 2019.

도재학, 「'관광'의 어휘사와 문화 변동」, 『한국학연구』 64, 고려대학교 한국학연구소, 2018.

박태근, 「중국에서 만난 조선문명과 제삼문명: 러시아문명」, 『국제한국학연구』 1, 명지대학교 국제한국학연구소, 2003.

박수밀, 「조선의 중국 서적유입 양상과 그 의미 ―序班과 琉璃廠의 존재를 중심으로」, 『동아시아문화연구』 50, 한양대학교 동아시아문화연구소, 2011.

박현규, 「明淸 시대 北京 朝鮮使館 고찰」, 『중국사연구』 82, 중국사학회, 2013.

손성욱, 「淸 朝貢國 使臣 儀禮의 形成과 變化」, 『동양사학연구』 143, 동양사학회, 2018.

신익철, 「연행록을 통해본 18세기 전반 한중 서적교류의 양상」, 『태동고전연구』 25, 한림대학교 태동고전연구소, 2009.

_____, 「18세기 연행사와 서양 선교사의 만남」, 『한국한문학연구』 51, 한국한문학회, 2013.

_____, 「18-19세기 연행사절의 북경 천주당 방문 양상과 의미」, 『교회사연구』 44, 한국교회사연구소, 2014.

안순태, 「조선조 문천상의 충절에 대한 논의 연구」, 『돈암어문학』 39, 돈암어문학회, 2021.

원재연, 「17-19세기 연행사의 북경 내 활동공간 연구」, 『동북아역사논총』 26, 동북아역사재단, 2009.

이현주, 「연행사절 下隷에 대하여 —朴齊寅의 《燕行日記附錄》을 중심으로」, 『한문학보』 30, 우리한문학회, 2014.

이홍식, 「연행록 소재 북경 유리창 기록의 변화 추이와 의미 탐색」, 『한문학논집』 41, 근역한문학회, 2015.

_____, 「연행사와 청대 북경의 朝鮮使館」, 『한국한문학연구』 57, 한국한문학회, 2015.

임영길, 『19세기 前半 연행록의 특성과 朝·淸 文化 交流의 양상』, 성균관대학교 박사학위논문, 2018.

_____, 「조선후기 연행록에서 북경 '西山'의 의미」, 『대동한문학』 57, 대동한문학회, 2018.

_____, 「18-19세기 조선 문인들의 北京 인식과 기록 양상: 탐방 공간의 확장과 관련하여」, 『동양한문학연구』 54, 동양한문학회, 2019.

_____, 「玉壺 李肇源의 燕薊風煙과 한중 문인 교유」, 『한문학논집』 54, 근역한문학회, 2019.

_____, 「19세기 한중 문인 만남의 공간, '人蔘局'」, 『문헌과해석』 84, 태학사, 2019.

_____, 「李裕元의 1845년 謝恩使行과 한중 문인 교유」, 『한국한문학연구』 81, 한국한문학회, 2021.

정민, 「연행 기록을 통해본 18-19세기 북경 유리창 서점가」, 『동아시아문화연구』 50, 한양대학교 동아시아문화연구소, 2011.

조영헌, 「1522년 北京 會同館의 對朝鮮 門禁 조치와 그 배경 —正德帝 遺産의 정리와 관련하여」, 『중국학보』 91, 한국중국학회, 2020.

최식, 「淸心丸으로 읽은 燕行의 文化史」, 『민족문화』 55, 한국고전번역원, 2020.

한경수, 「관광의 어원 및 용례에 관한 역사적 고찰」, 『관광학연구』 13, 한국

관광학회, 1989.

_____, 「한국에 있어서 관광의 역사적 의미 및 용례」, 『관광학연구』 36, 한국관광학회, 2001.

황소연, 「조선시대 사행문학과 '관광' 의식」, 『일본학연구』 30, 단국대학교 일본연구소, 2010.